바람공방의 배색 패턴집 277

KAZEKOBO'S FAVORITE
COLORS

Contents

Check
체크······p4

Fairisle
페어아일······p16

Stripe
스트라이프······p66

Nordic
노르딕······p78

Argyle
아가일······p116

Basic knitting
기호도 뜨는 법······p126

디자인의 기초를 배울 때, 평면 구성이라는 수업을 들었습니다.
일정한 크기의 종이를 선으로 나누고 색깔을 정해서 색칠하는 시간이었습니다.
그런데 어울릴 것 같은 색을 골라서 칠한 뒤 완성 모습을 봤더니, 이웃한 색과 지나치게 대비되어
붕 떠 있는가 하면, 전체를 너무 같은 톤으로 맞춰서 지루해 보일 때도 있었습니다.
하지만 색 조합을 생각하는 것을 좋아했기 때문에 수업은 재미있었습니다.

직업으로 뜨개 디자인을 하면서부터 물감 대신 색실로 배색을 하지만, 이것도 즐거운 작업입니다.
특히 뜨개에서 만들어지는 음영이 색에 영향을 끼치므로,
편물을 뜬 뒤 약간 떨어져서 보지 않으면 색이 잘 어울리는지 알기 어렵습니다.

이 책에서는 제가 즐겨 사용하는 스트라이프, 체크, 걸러뜨기 배색, 아가일 체크, 페어아일,
노르딕 무늬 등을 다루었습니다. 전통 무늬도 색을 어떻게 조합하느냐에 따라
다양하게 변화를 줄 수 있습니다.

여러분도 이 책에 실린 편물 무늬의 색 조합을 즐기면서 배색에 참고했으면 좋겠습니다.

바람공방

Check
체크

How to make page 128

Check

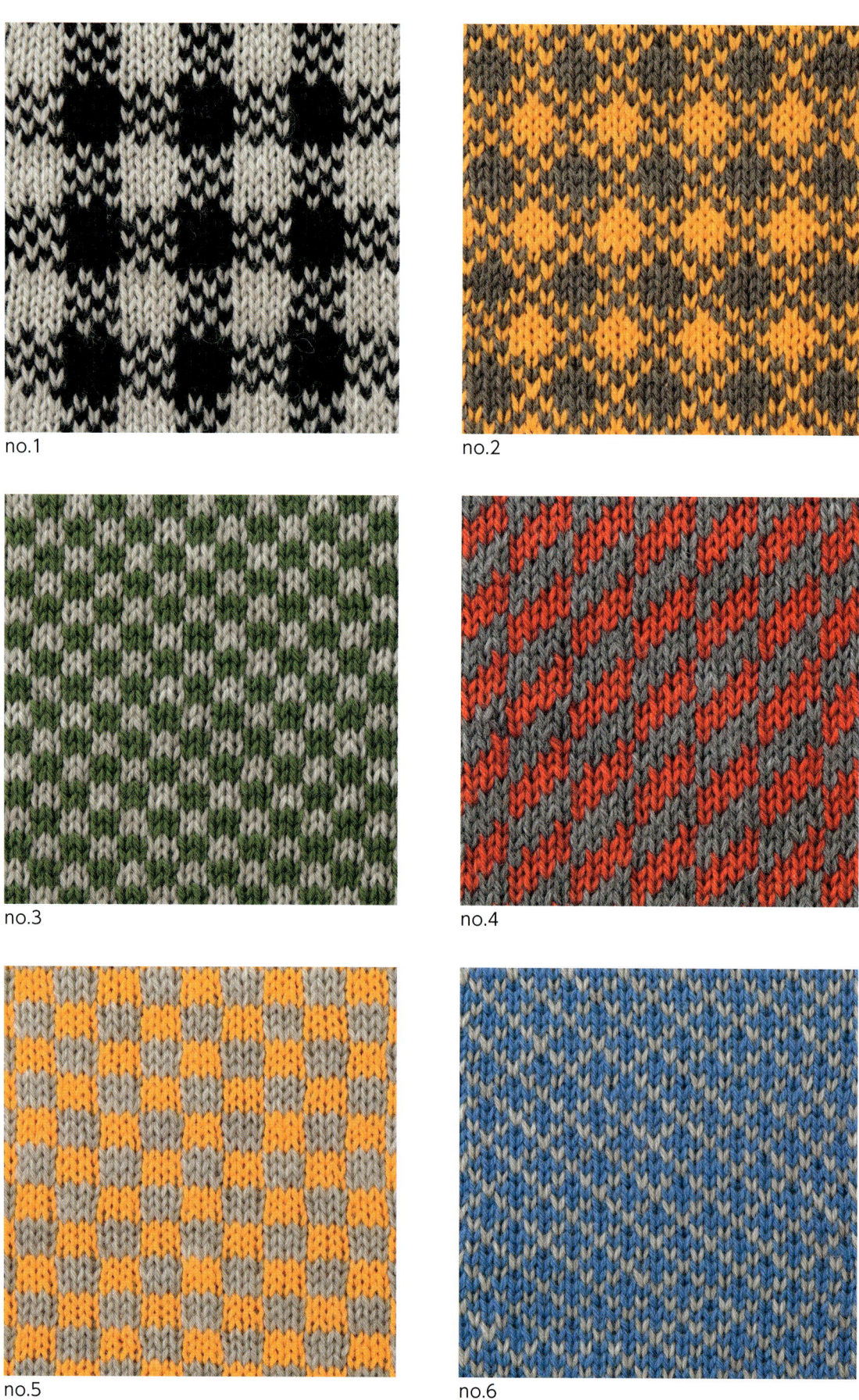

no.1
no.2
no.3
no.4
no.5
no.6

※no.1~6 기호도→page 133

Check

no.7

Check

no.8

no.9

no.10

Check

no.11

no.12

no.13

Check

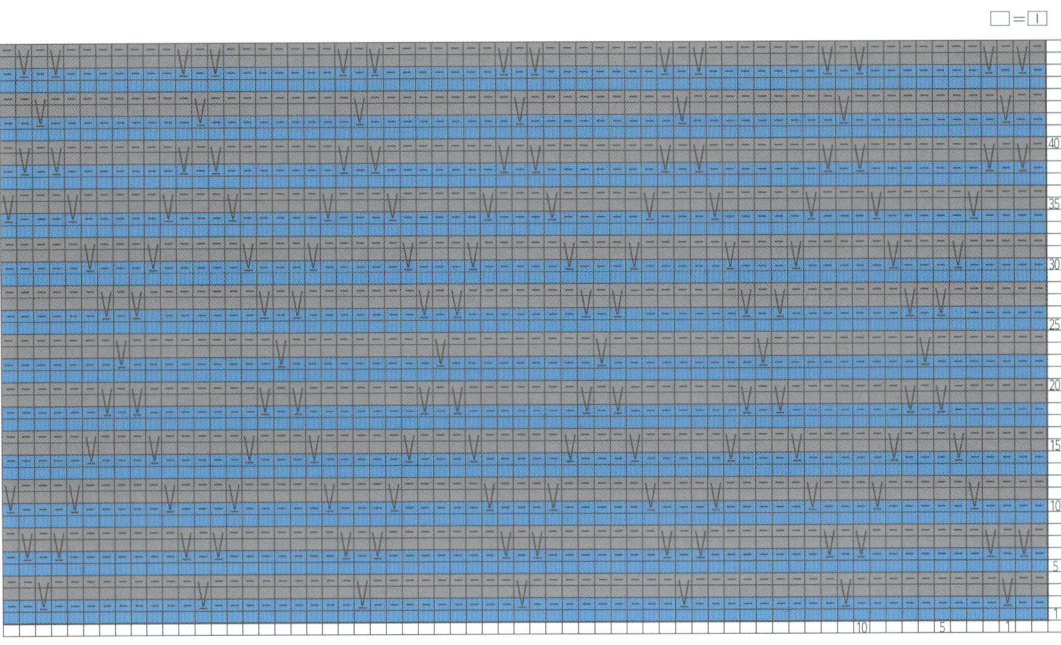

no.14

Check

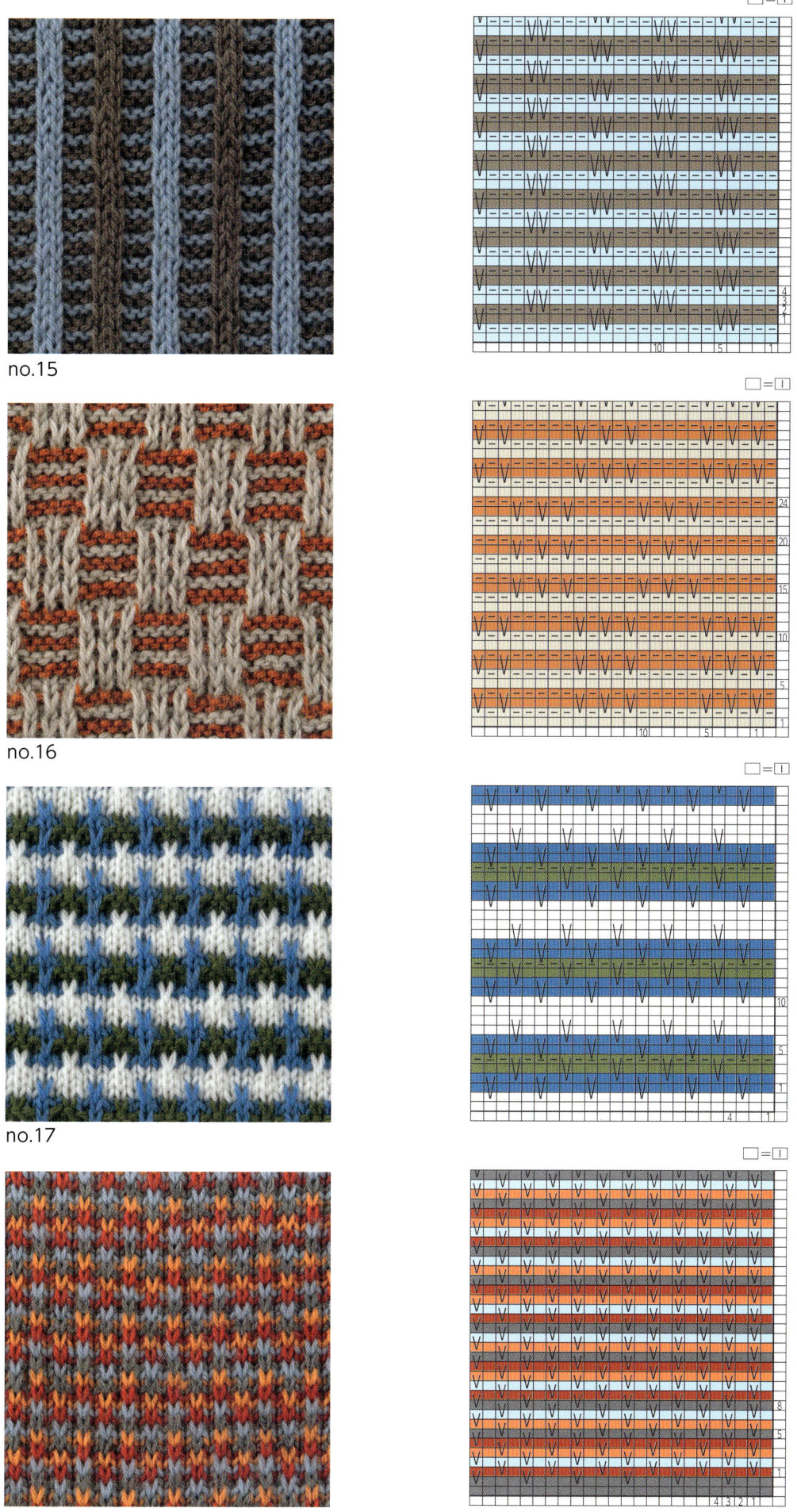

no.15

no.16

no.17

no.18

Check

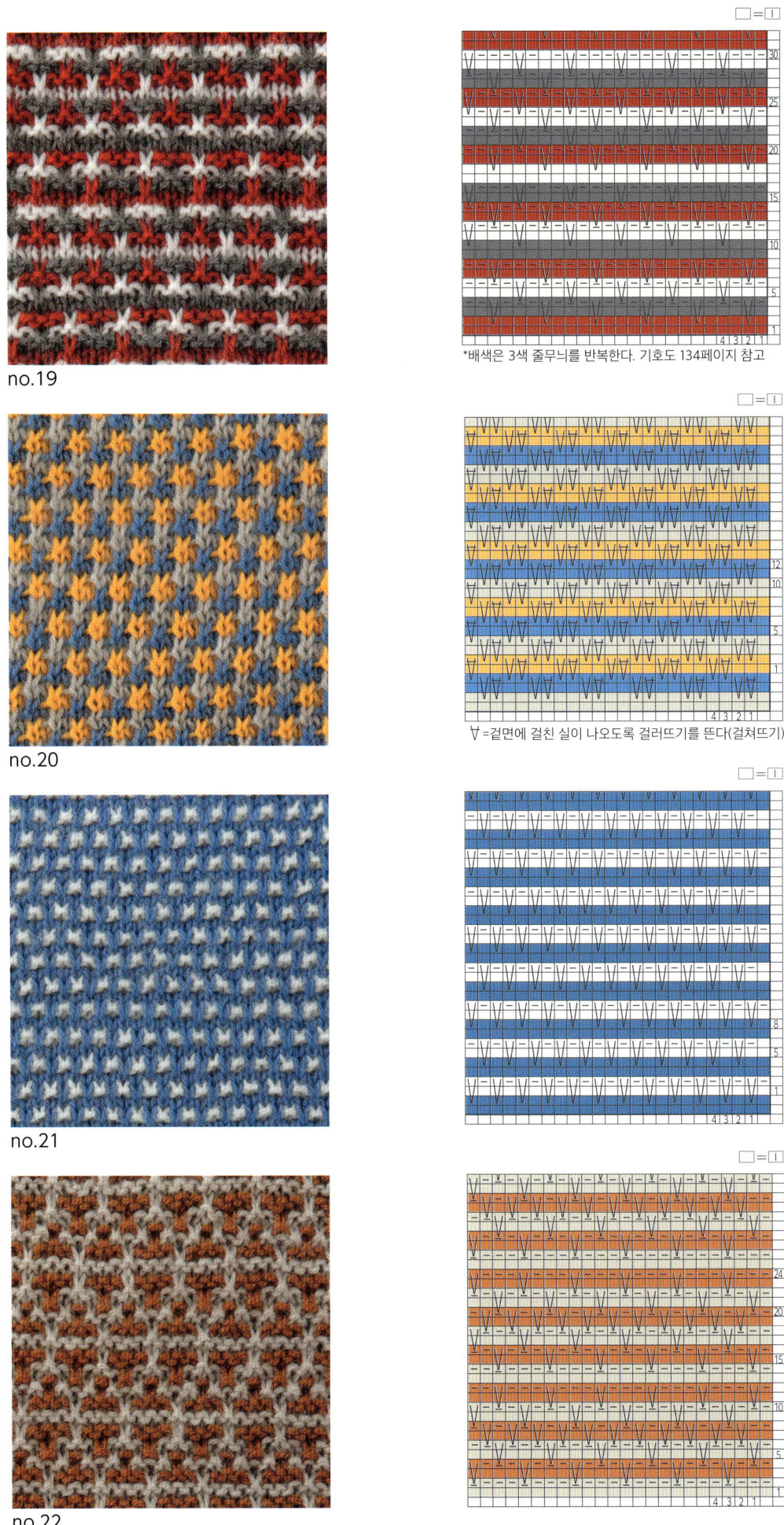

no.19

no.20

no.21

no.22

Check

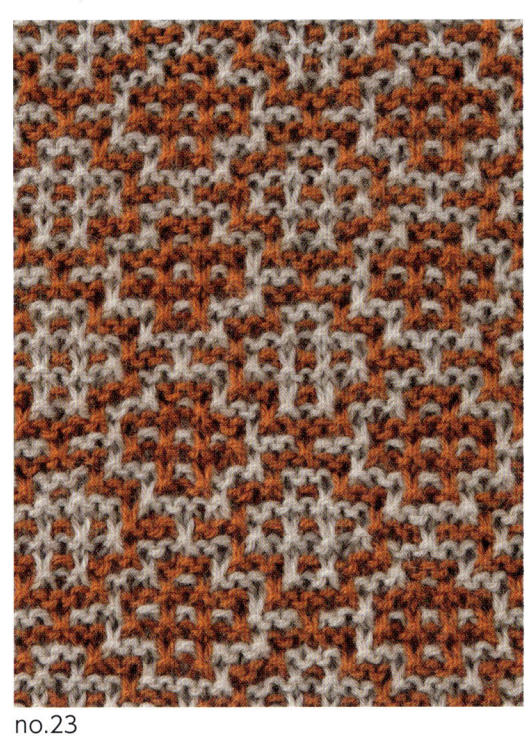

no.23

no.24

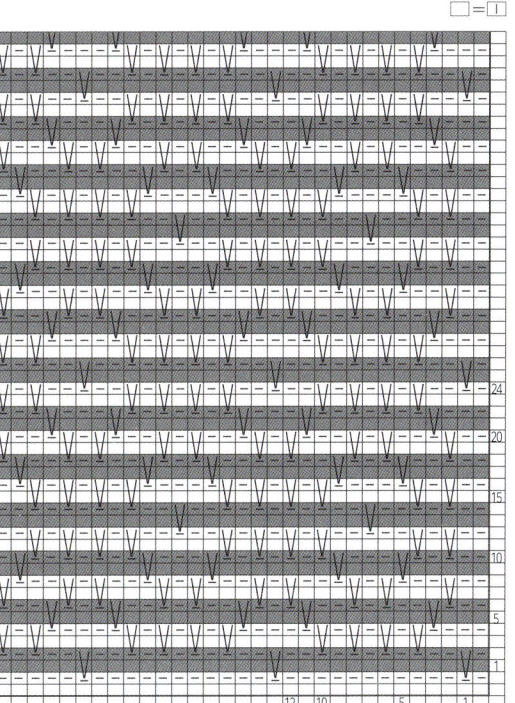

Check

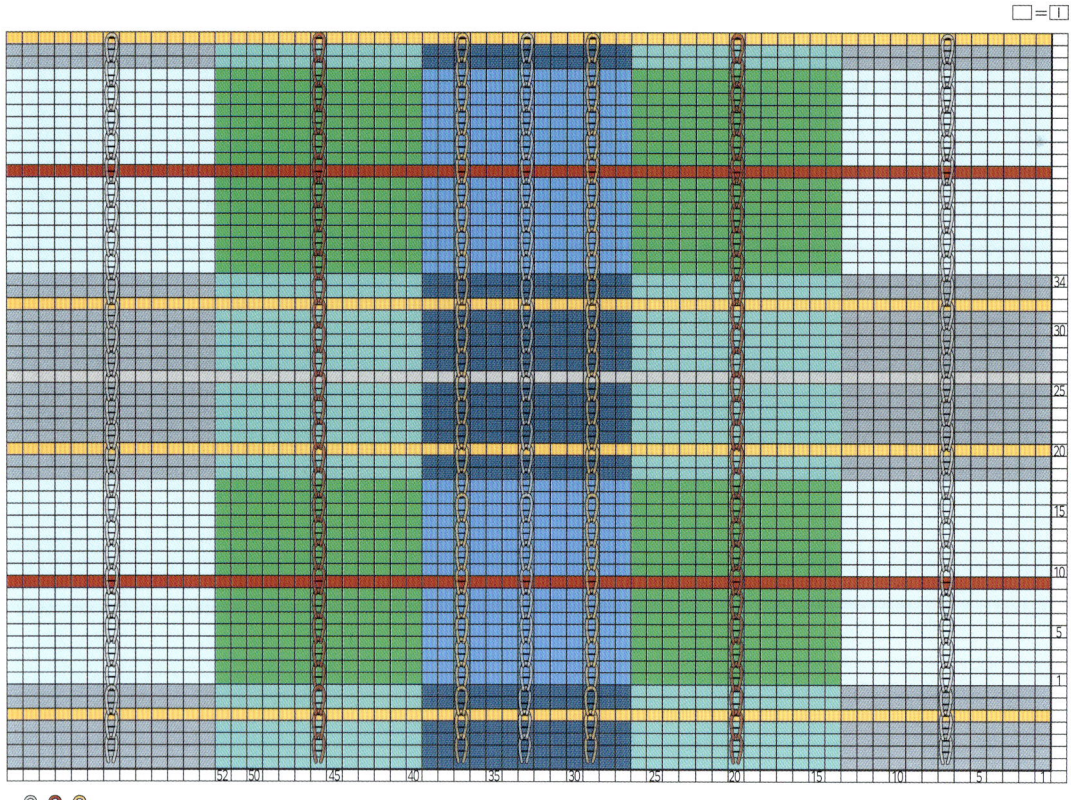

=안뜨기 위치에 2단마다 체인 스티치

no.25

Check

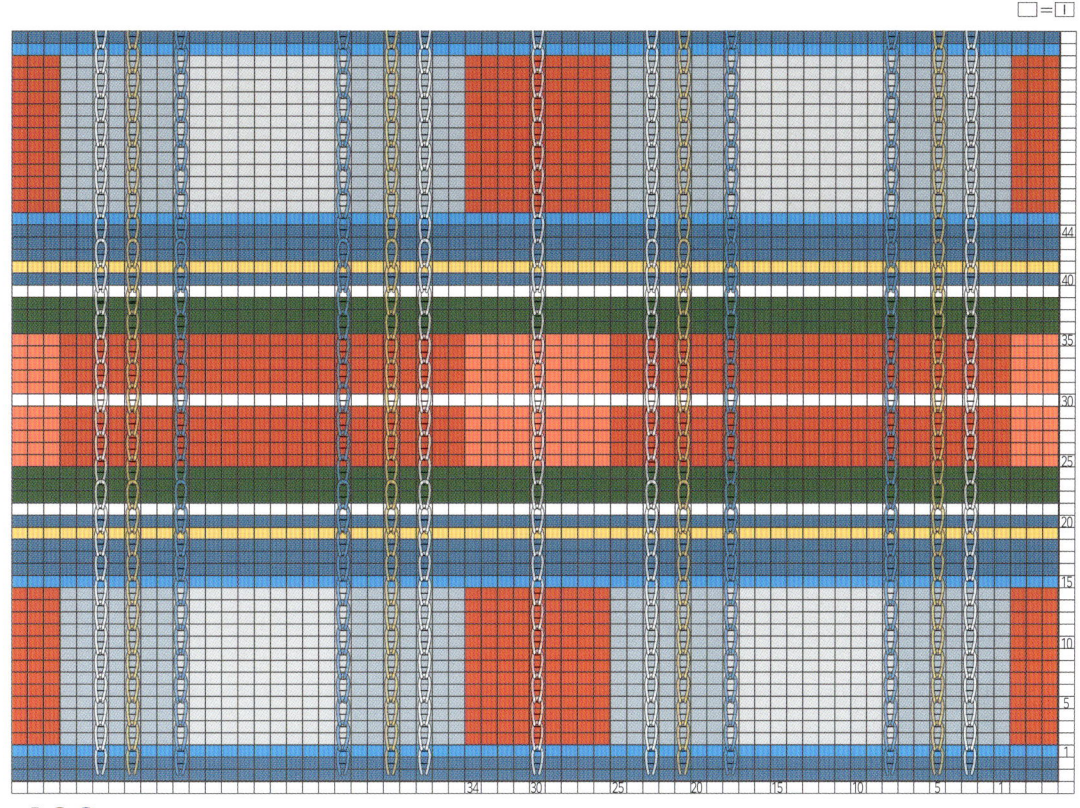

⌒⌒ ⌒⌒ ⌒⌒ =안뜨기 위치에 2단마다 체인 스티치

no.26

Fairisle
페어아일

How to make page 130

*도안의 ▲는 무늬의 중심을 가리킵니다

Fairisle

no.1

no.2

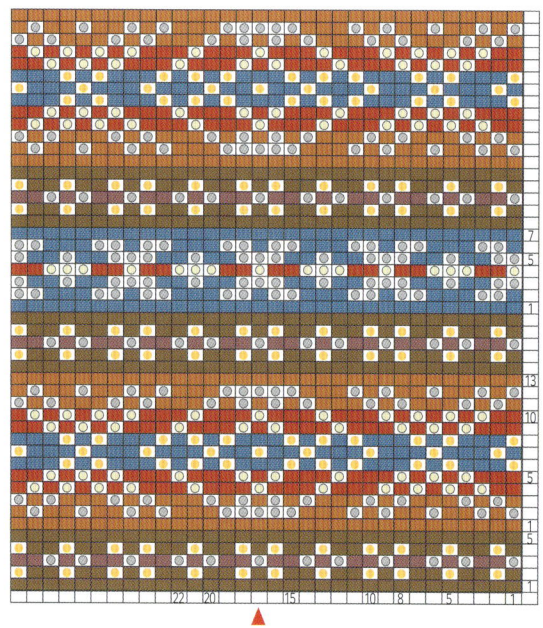

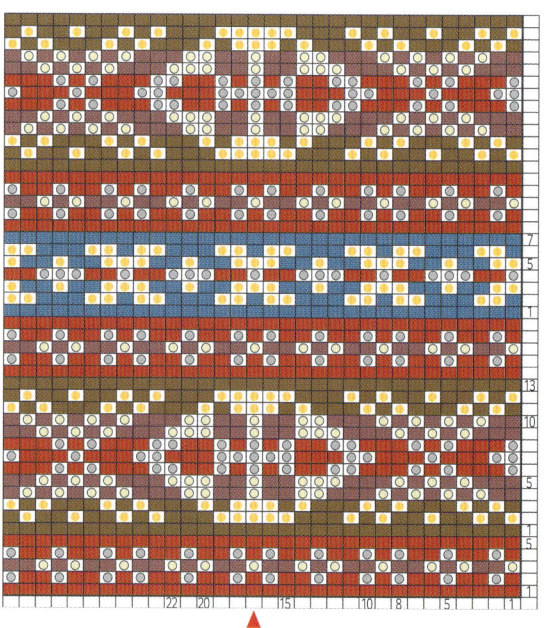

Fairisle

no.4 no.5 no.6 no.7 no.8 no.9

Fairisle

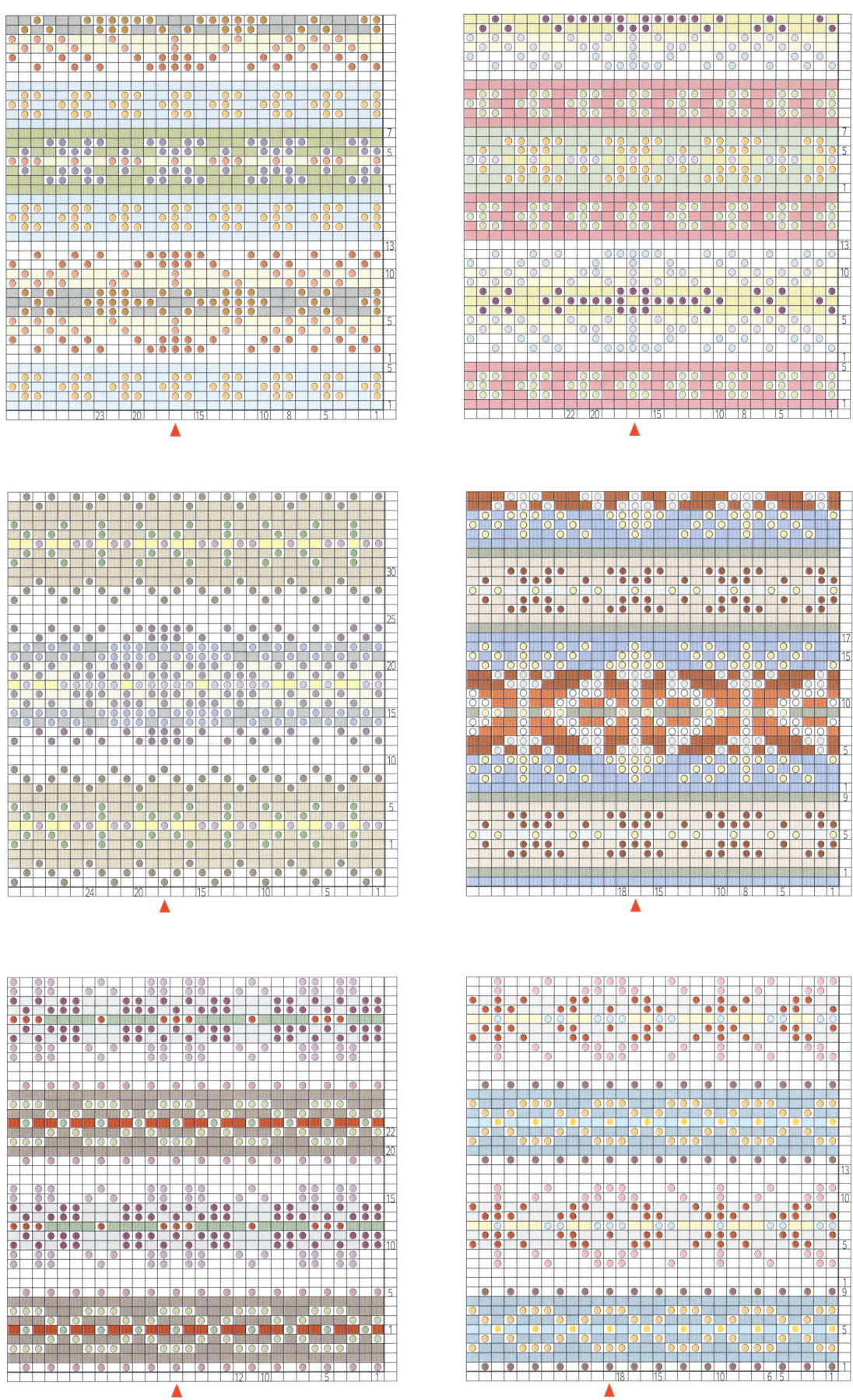

Fairisle

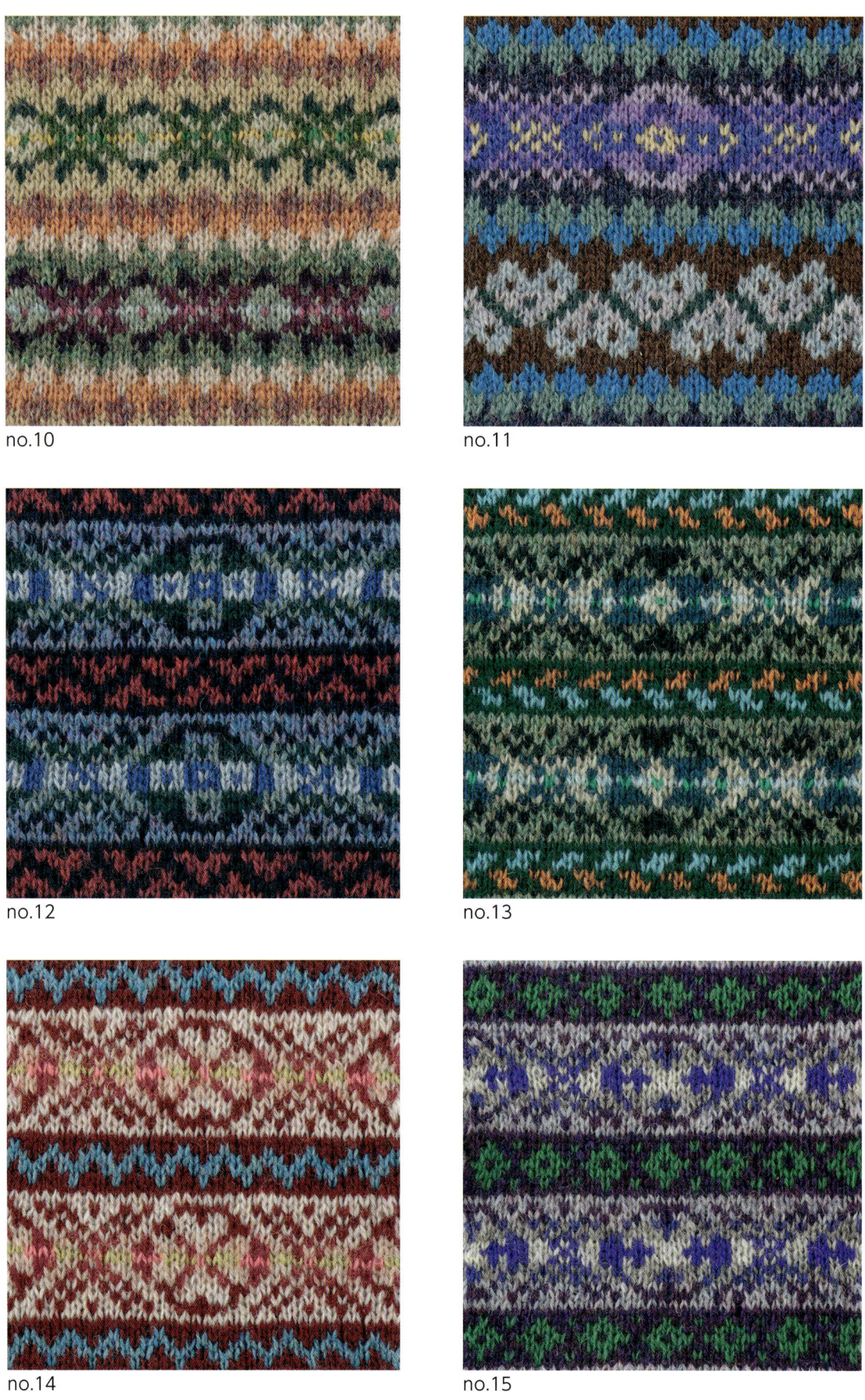

no.10　　　　　　　　　　no.11

no.12　　　　　　　　　　no.13

no.14　　　　　　　　　　no.15

Fairisle

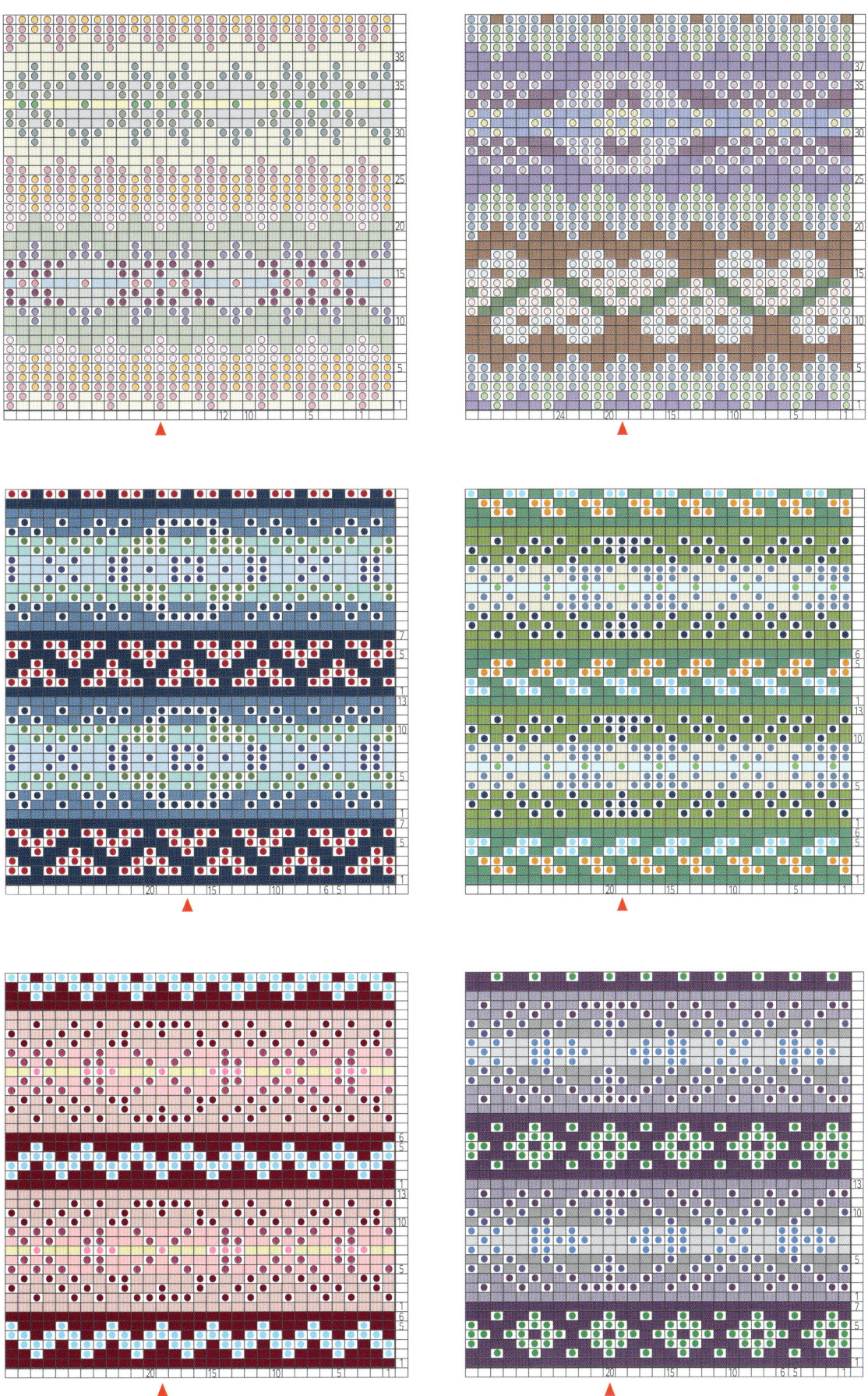

Fairisle

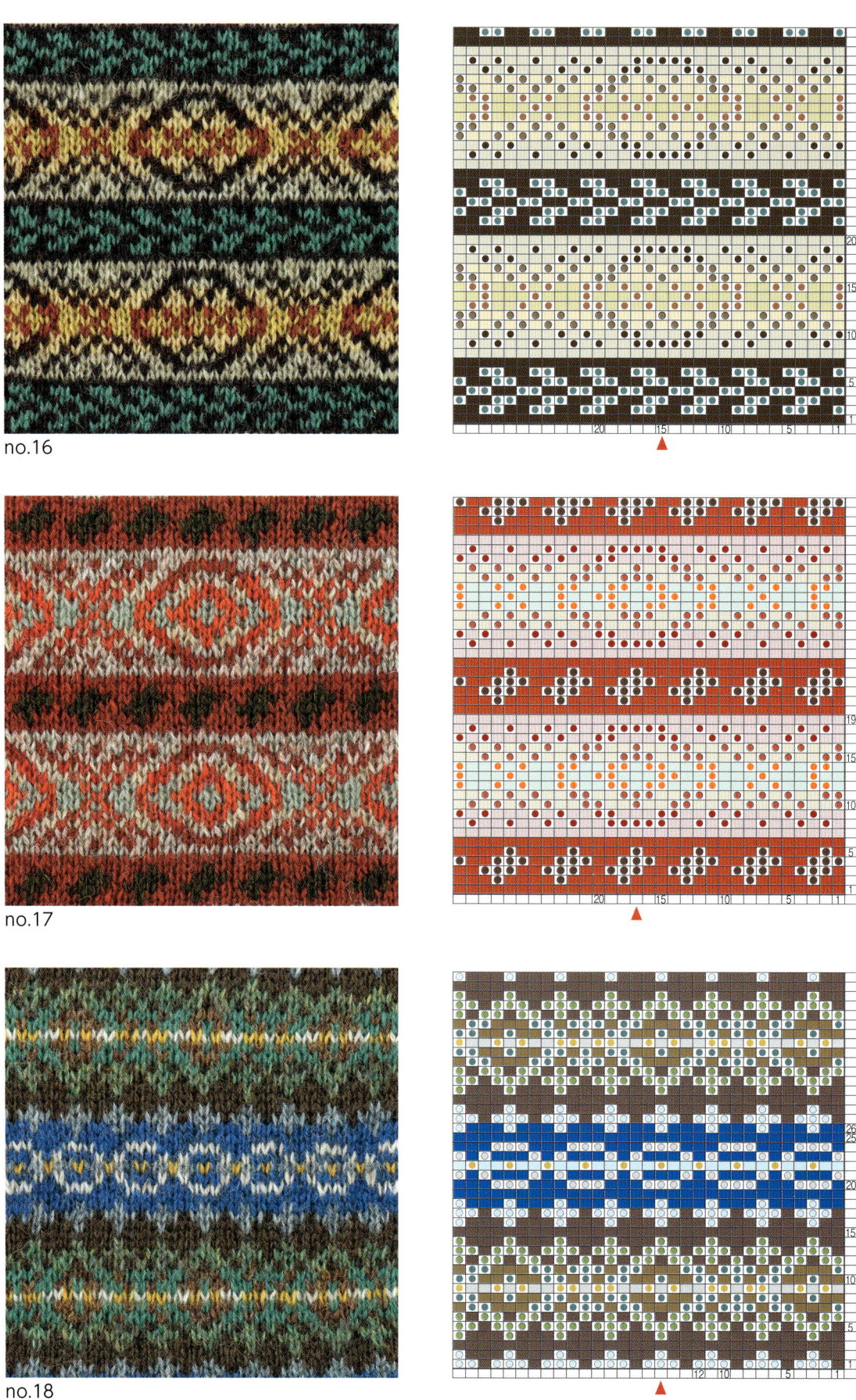

no.16

no.17

no.18

Fairisle

no.19

Fairisle

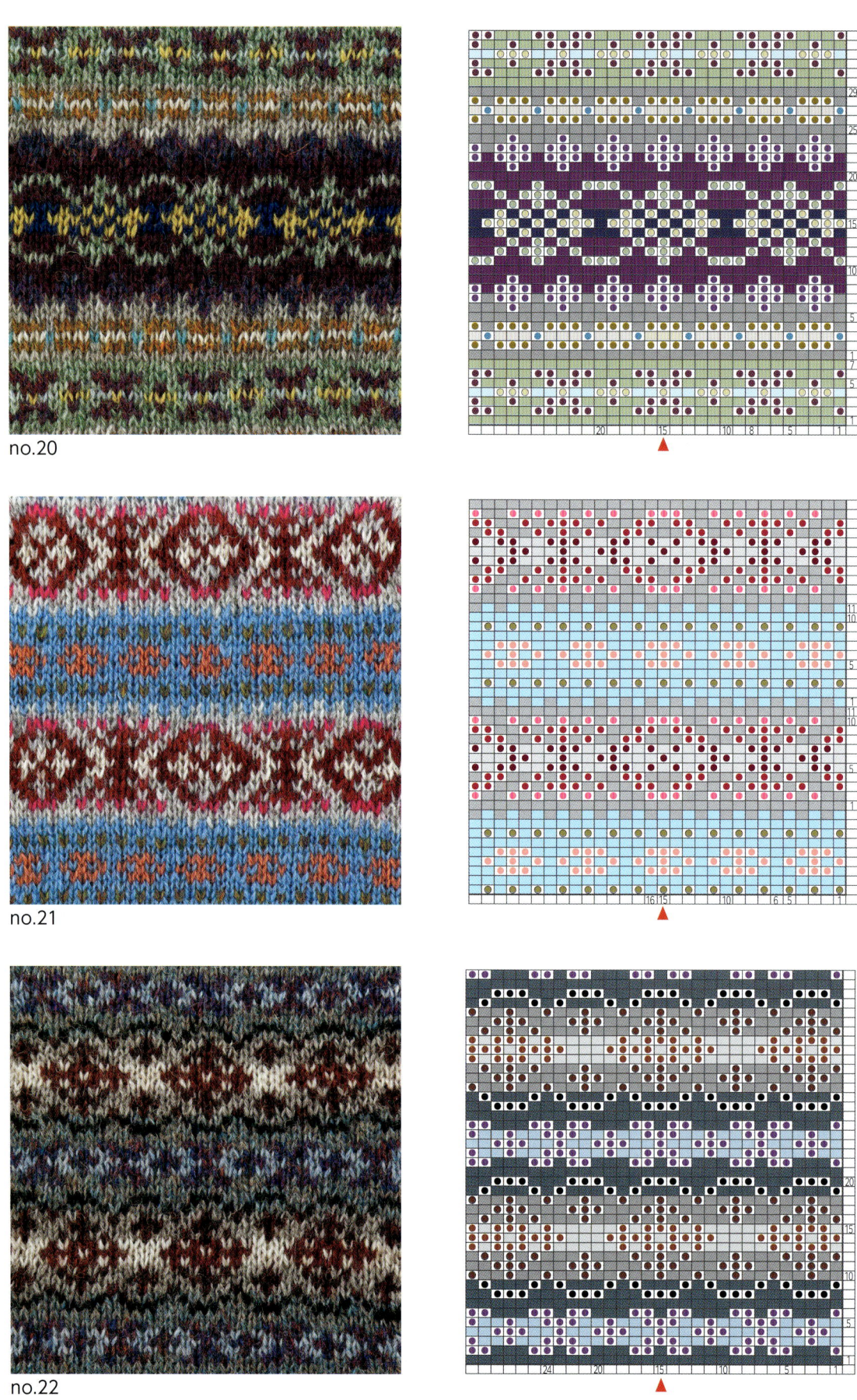

no.20

no.21

no.22

Fairisle

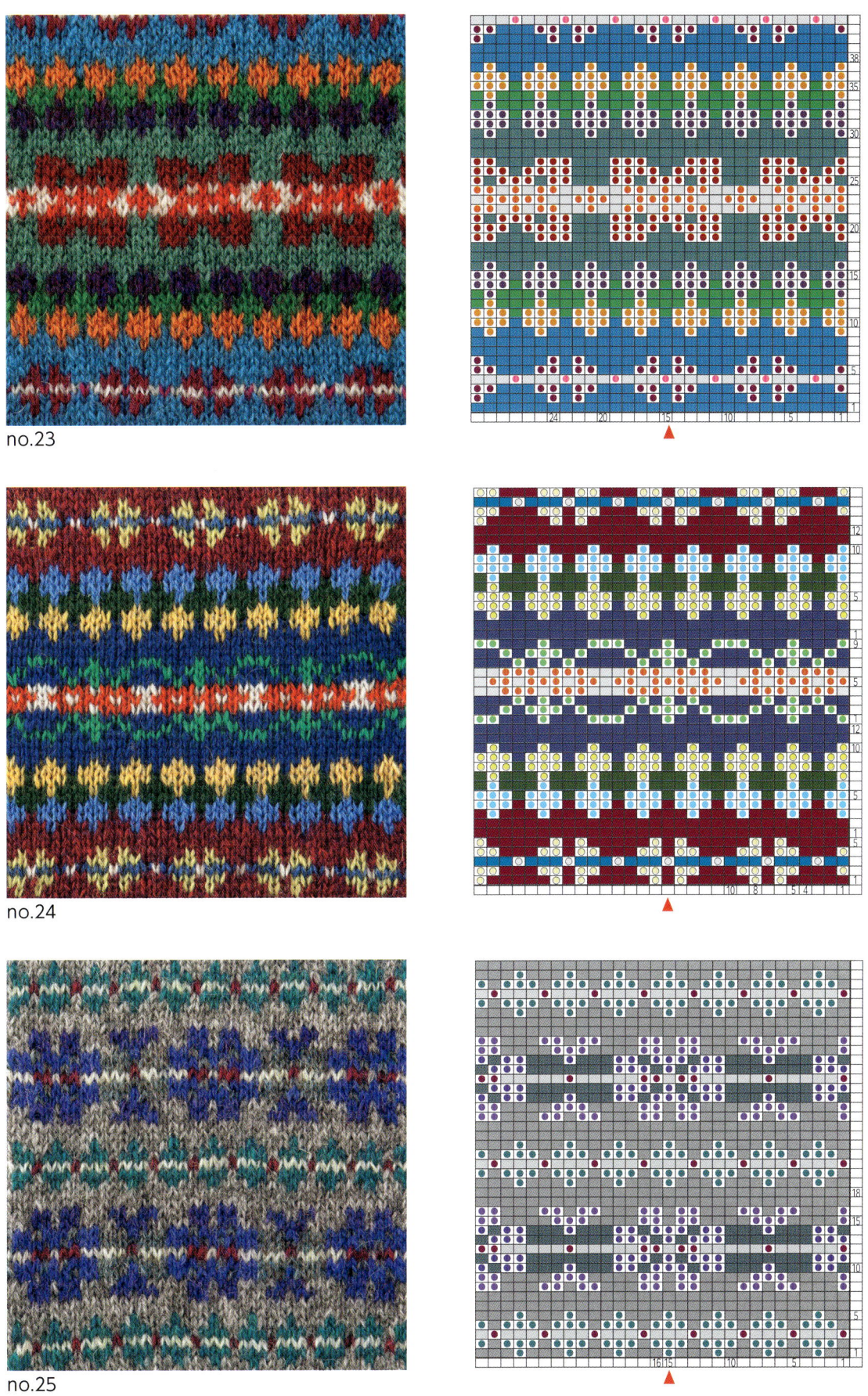

no.23

no.24

no.25

Fairisle

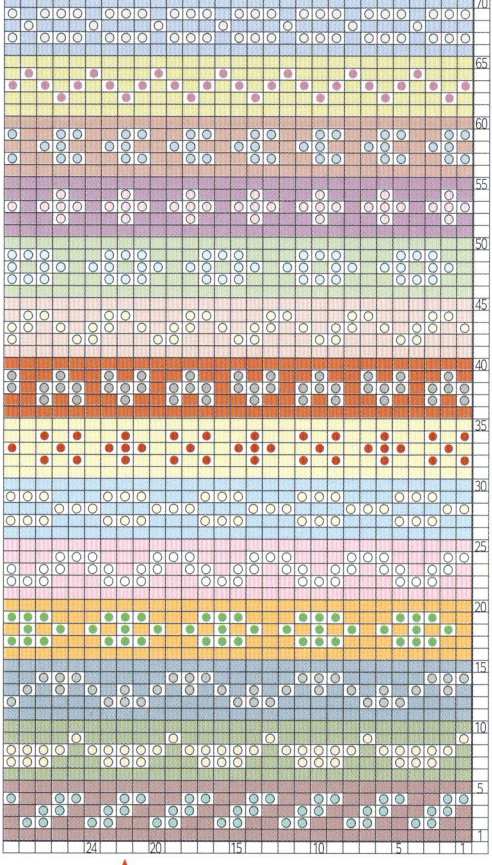

no.26

Fairisle

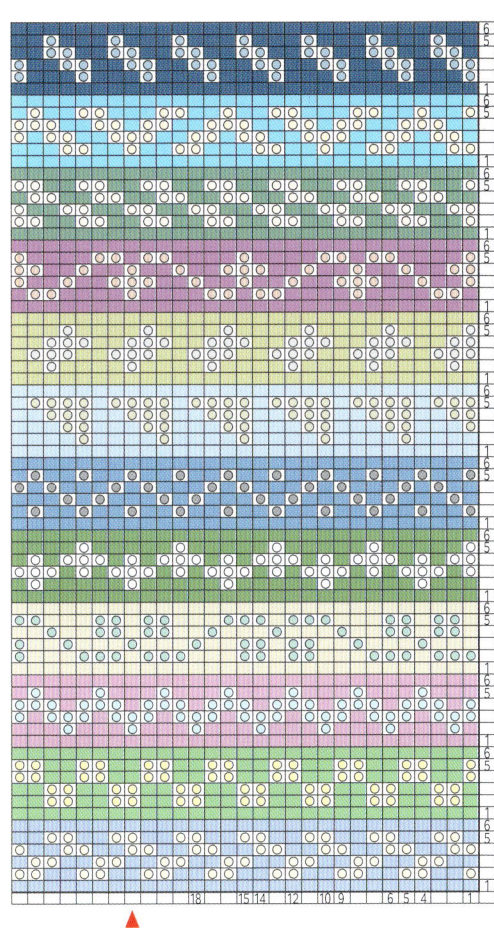

no.27

Fairisle

no.28

no.29

no.30

Fairisle

no.31

no.32

no.33

Fairisle

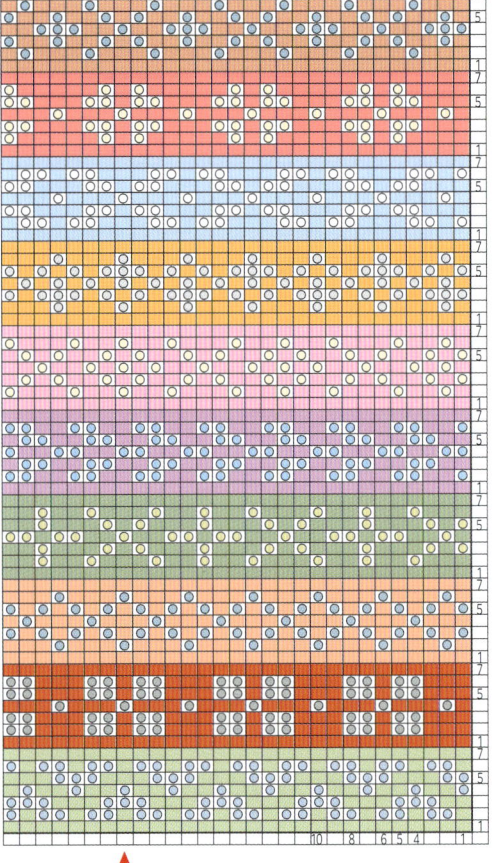

no.34

Fairisle

no.35

Fairisle

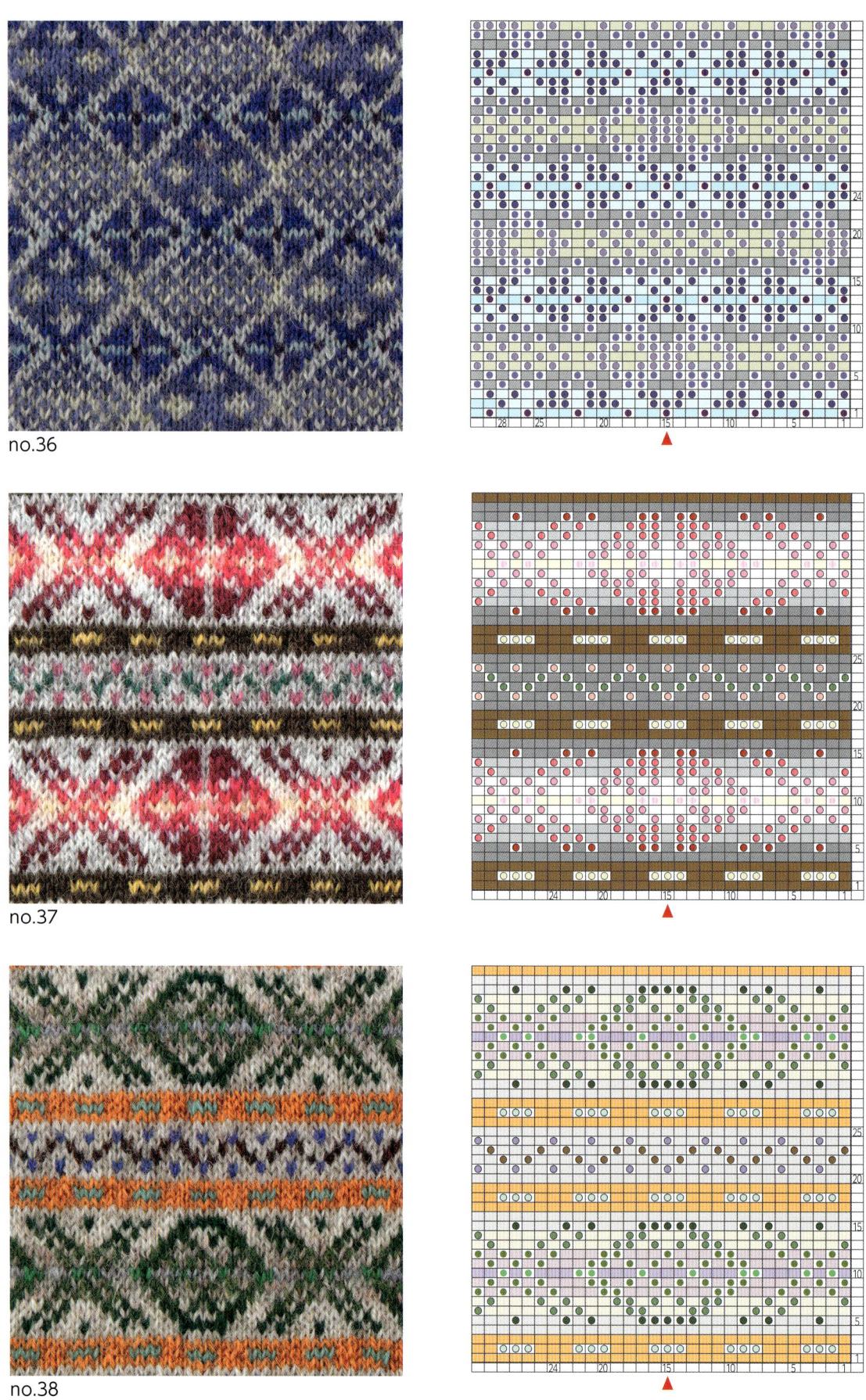

no.36

no.37

no.38

Fairisle

no.39

no.40

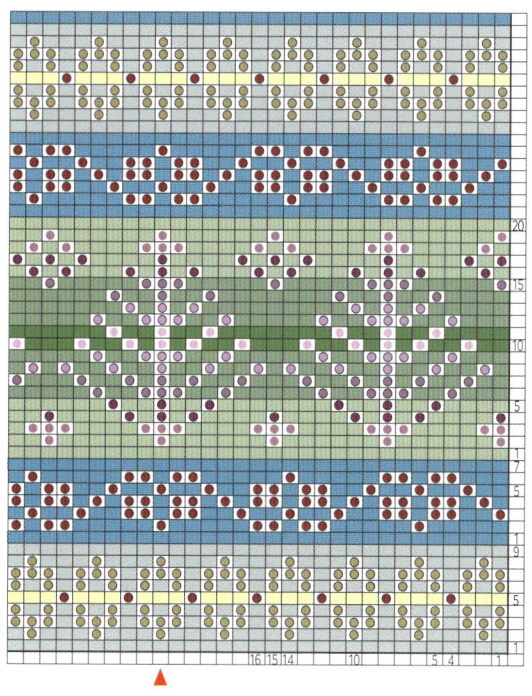

35

Fairisle

Fairisle

no.41
페어섬에서 탄생한 무늬는 이후 셰틀랜드 본 섬에서도 많이 뜨게 되었습니다. 셰틀랜드는 북유럽, 발트 3국과도 교역했는데 이 배색은 라트비아의 손모아장갑에 쓰이는 화려한 색깔을 이미지화 했습니다.

Fairisle

no.42

no.43

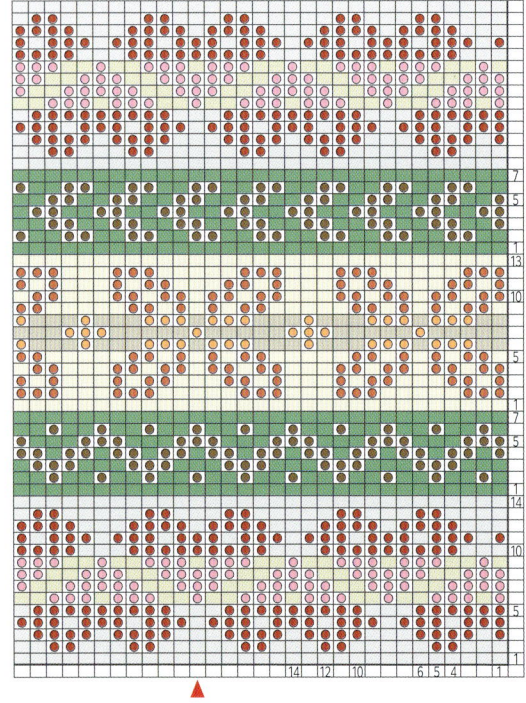

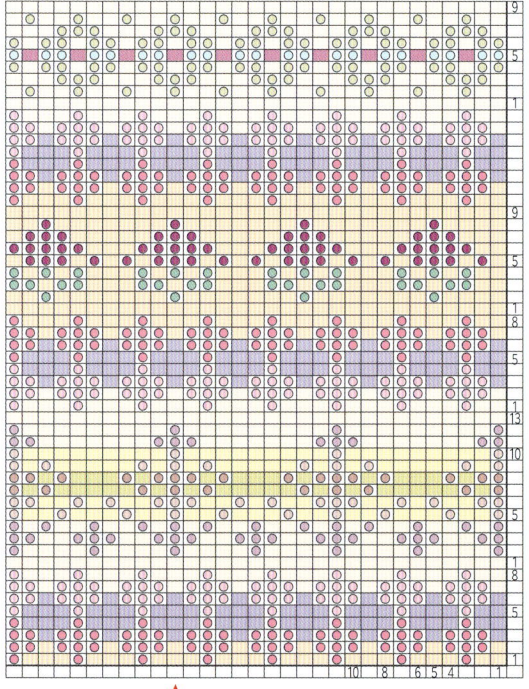

Fairisle

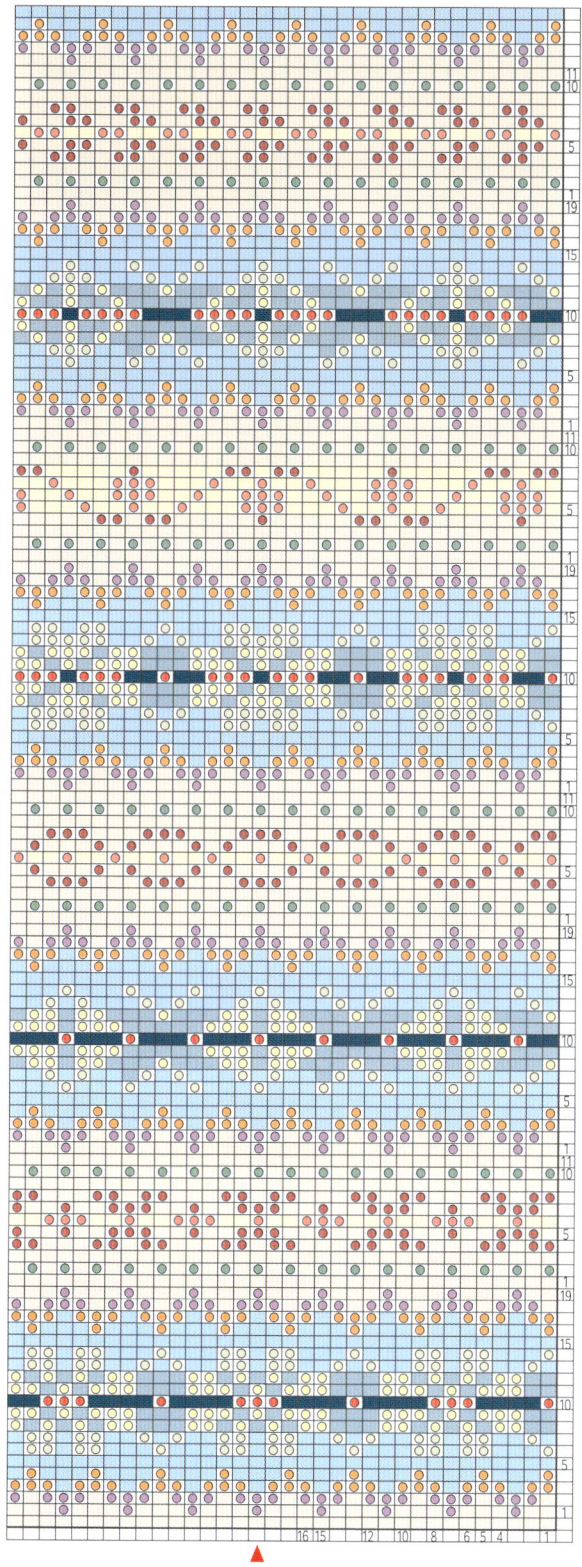

no.44

Fairisle

no.45

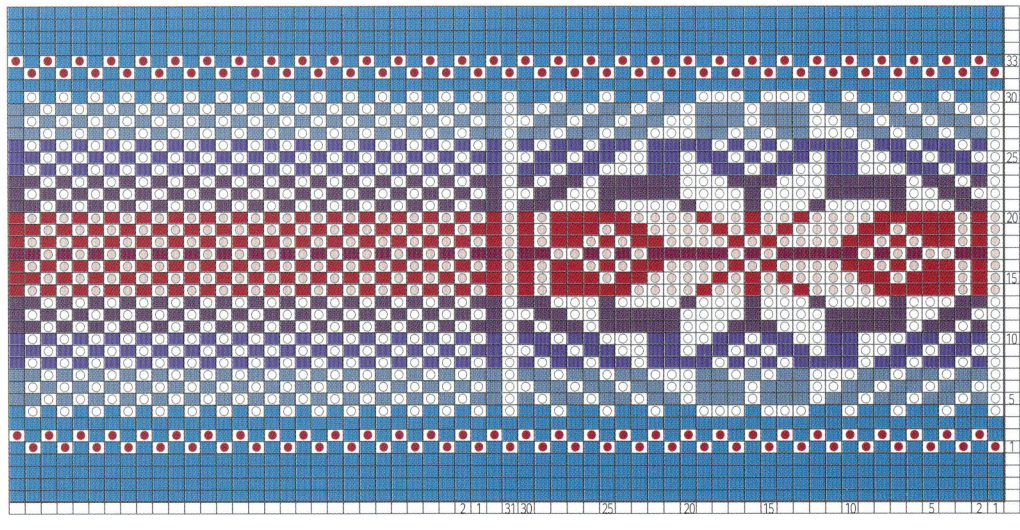

Fairisle

no.46

Fairisle

no.47

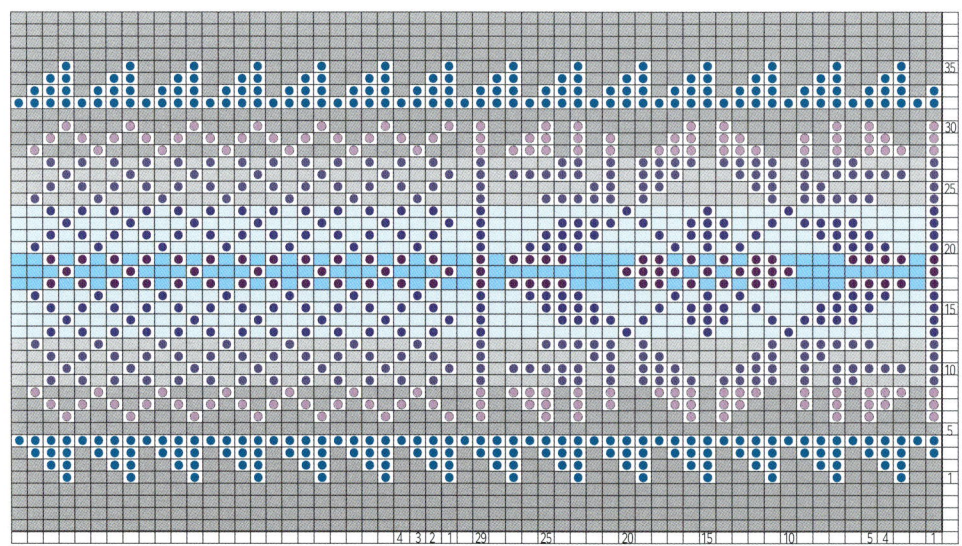

Fairisle

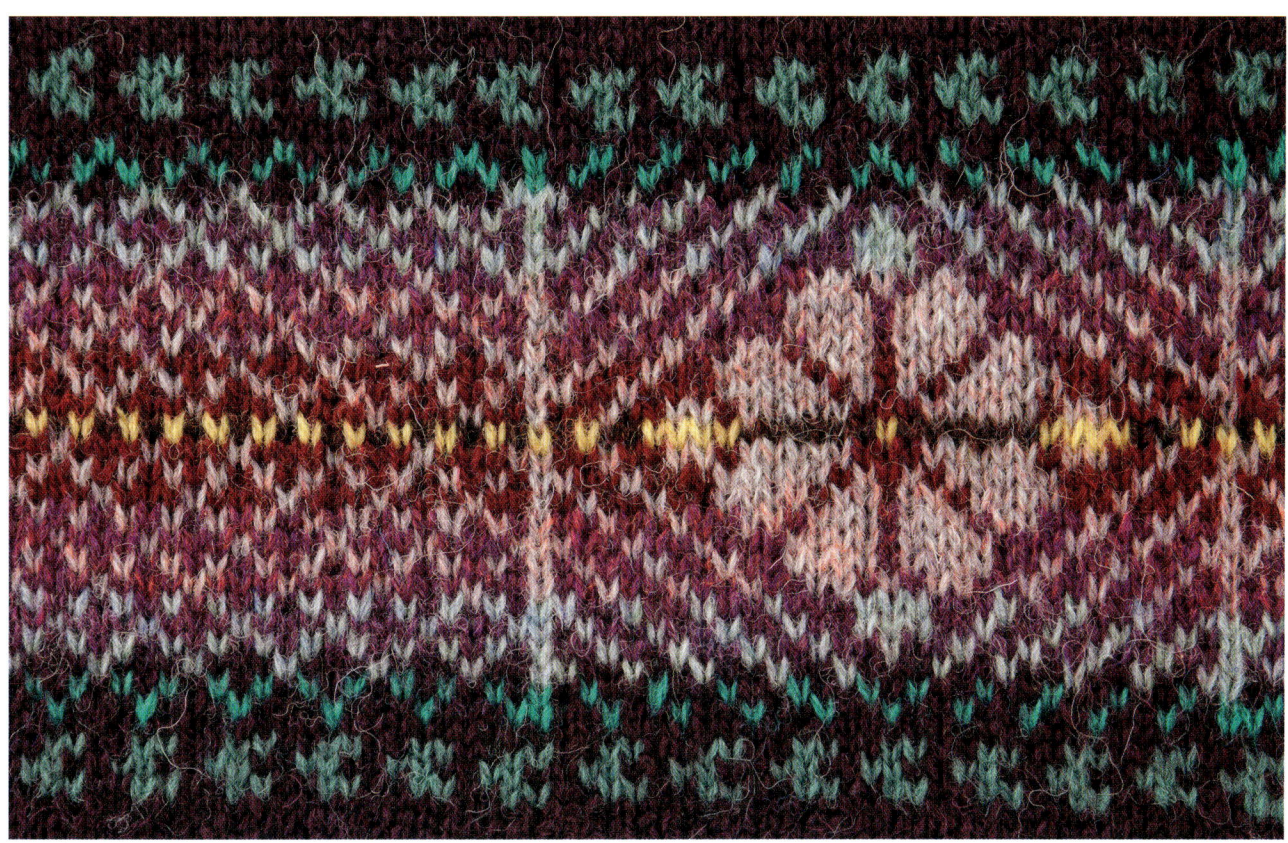

no.48

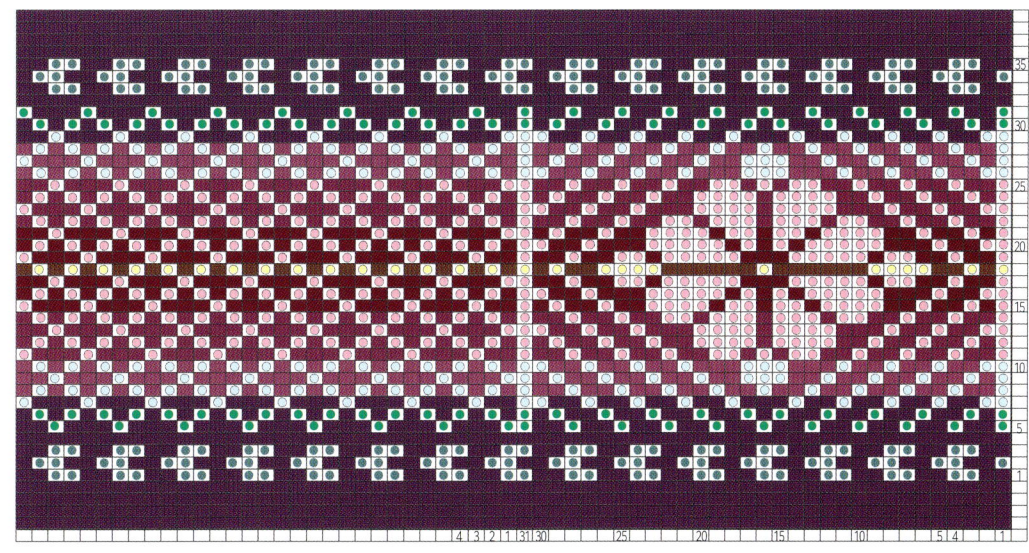

Fairisle

no.49

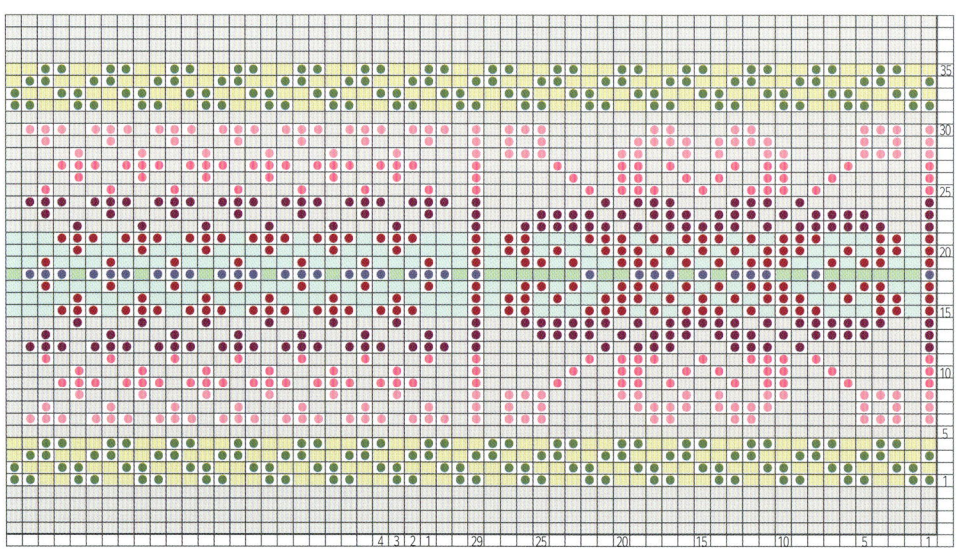

Fairisle

no.50

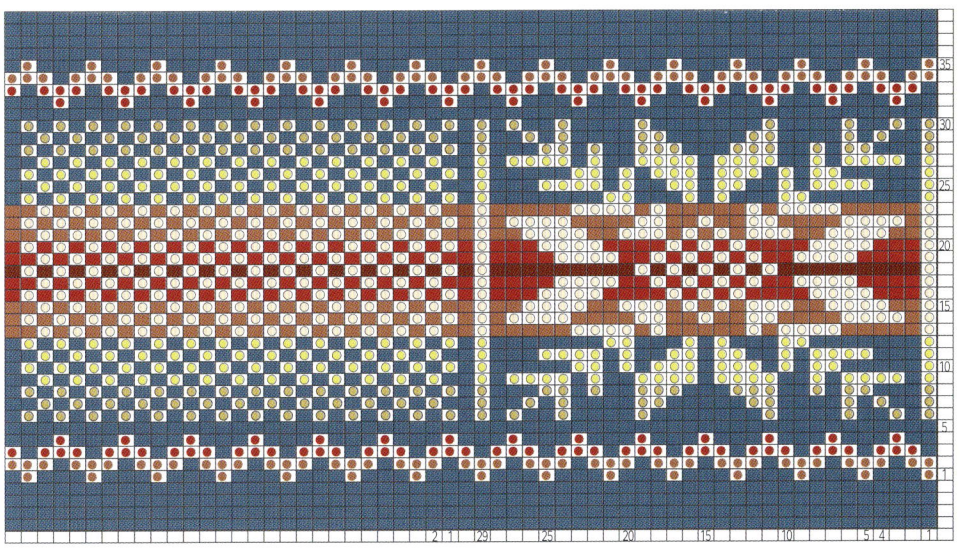

Fairisle

no.51

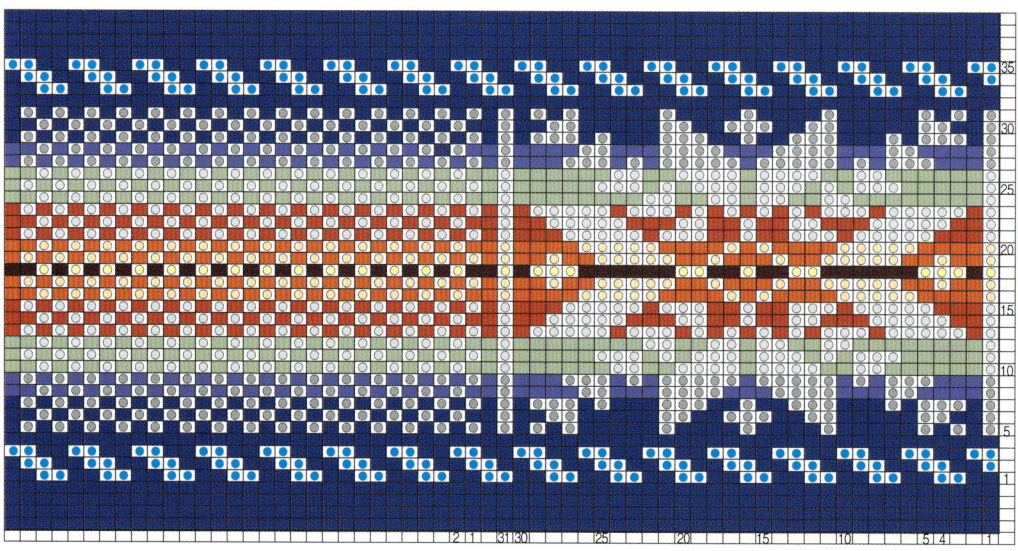

Fairisle

no.52

no.53

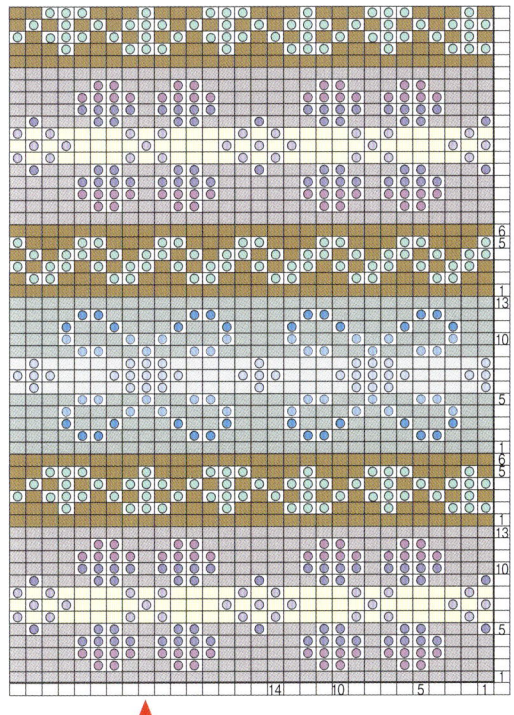

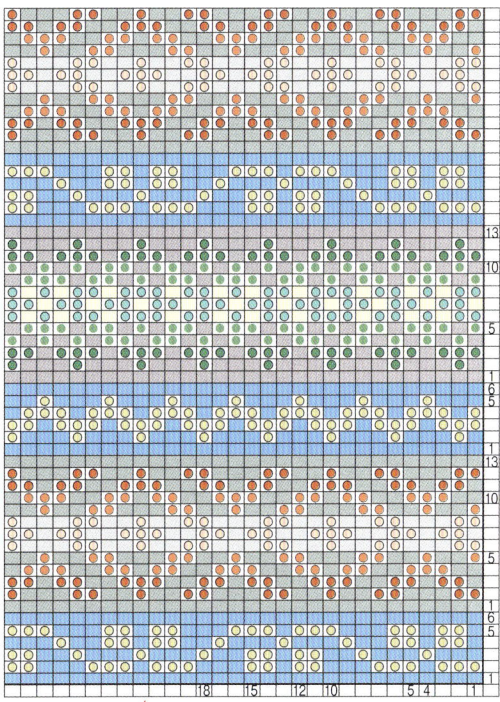

Fairisle

no.54

Fairisle

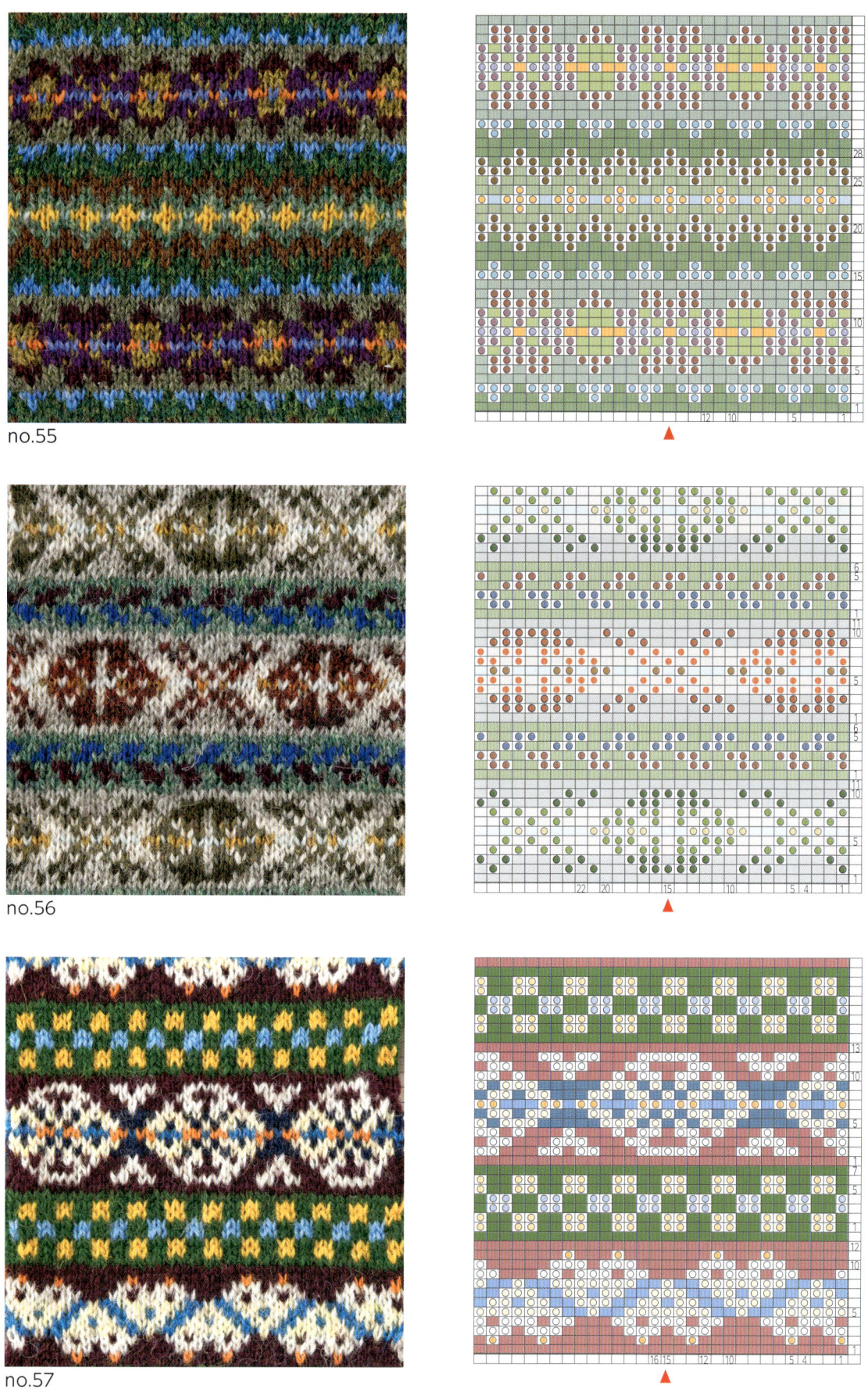

no.55

no.56

no.57

Fairisle

no.58

no.59

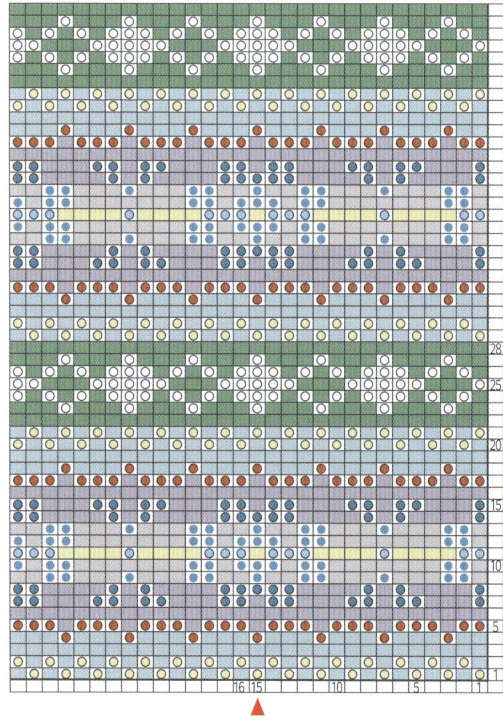

Fairisle

no.60

no.61

Fairisle

no.62

no.63

no.64

Fairisle

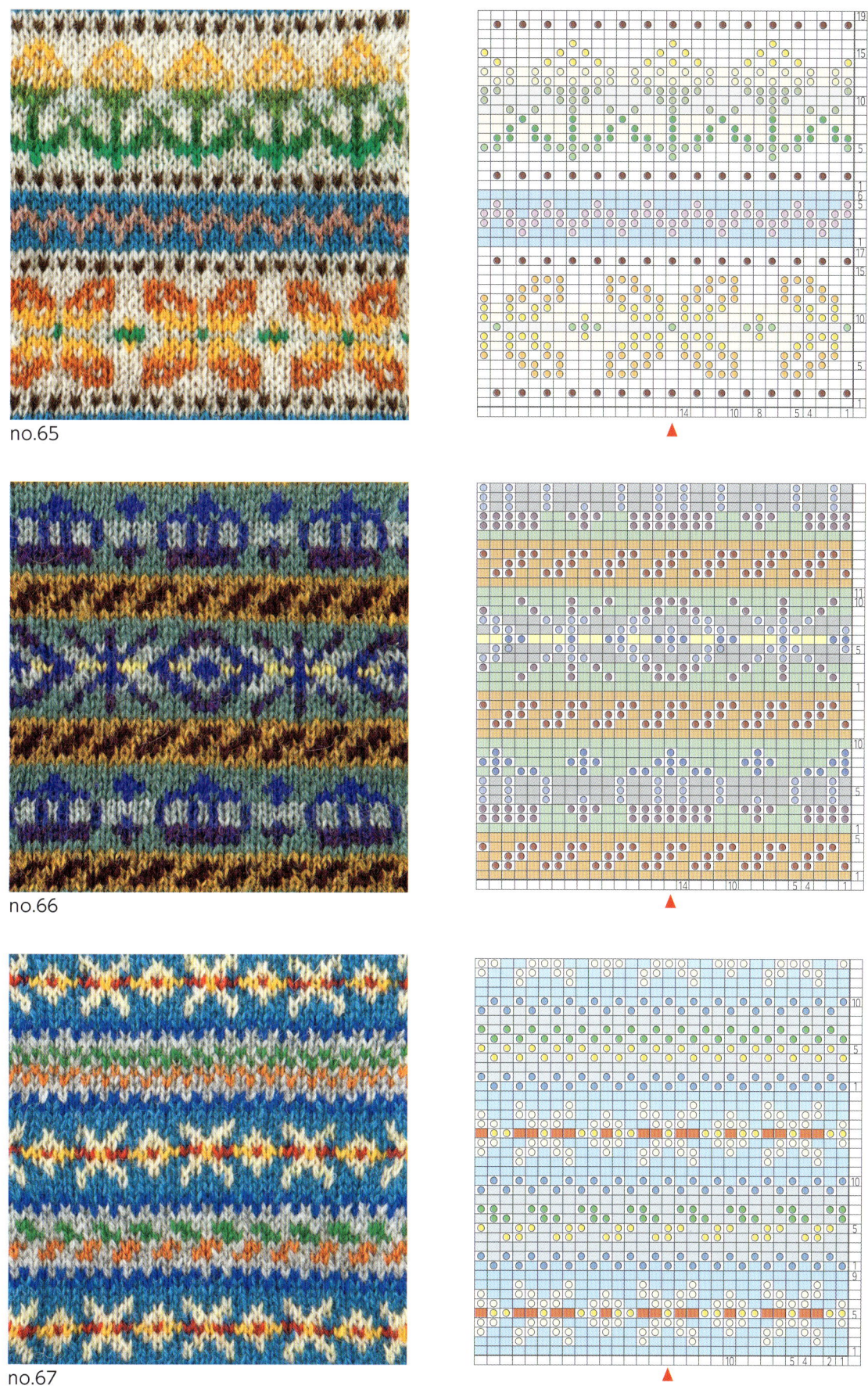

no.65

no.66

no.67

Fairisle

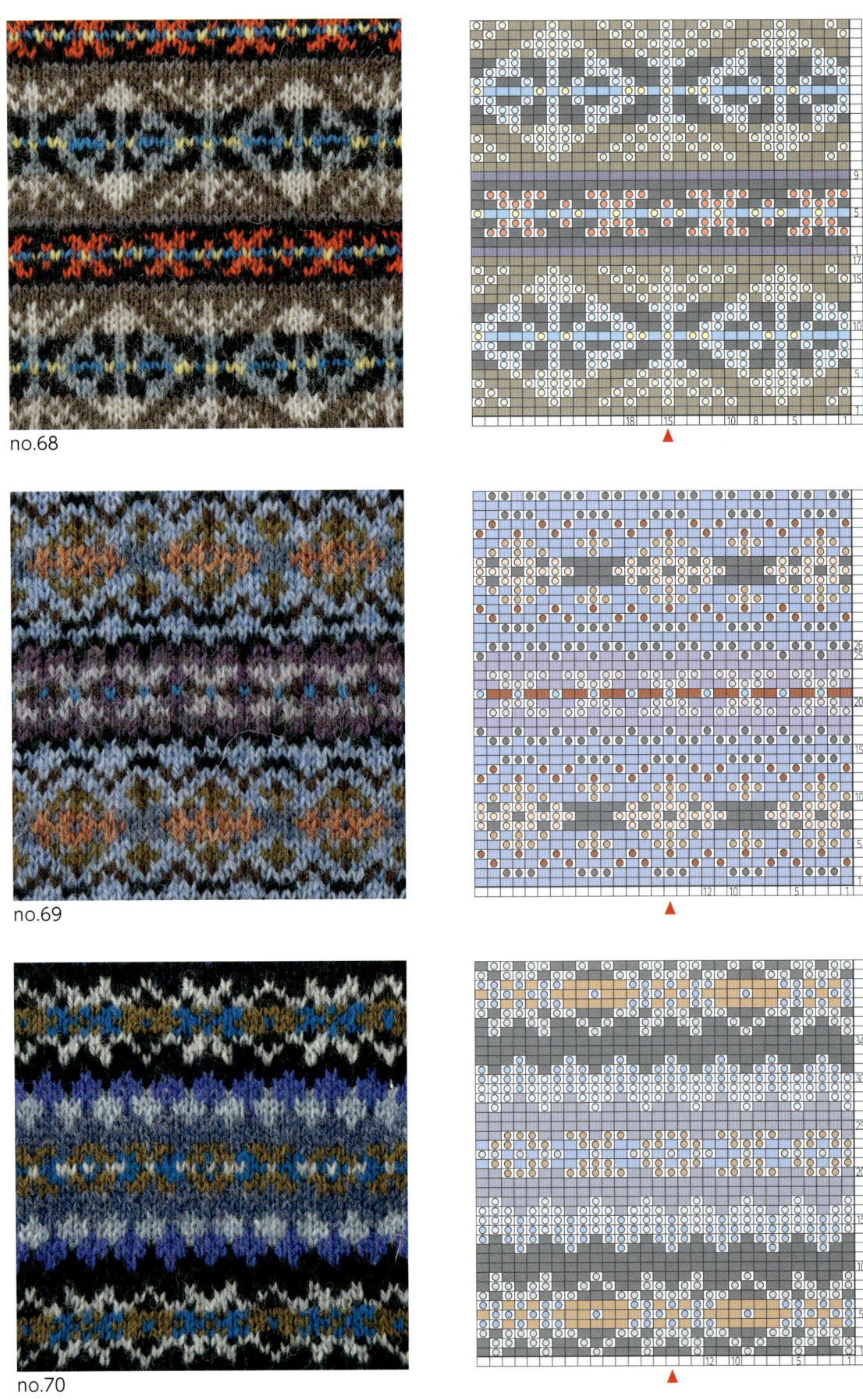

no.68

no.69

no.70

Fairisle

no.71
셰틀랜드 양에서는 내추럴 화이트에서 셰틀랜드 블랙까지, 컬러드 십 양의 갈색 계열과 그레이 계열 등 자연색이 풍부한 양털을 얻을 수 있습니다. 화학 염료 실이 나오기 전까지는 셰틀랜드 양의 자연색으로 뜨개를 떴습니다.
기호도→page 134

Fairisle

no.72

no.73

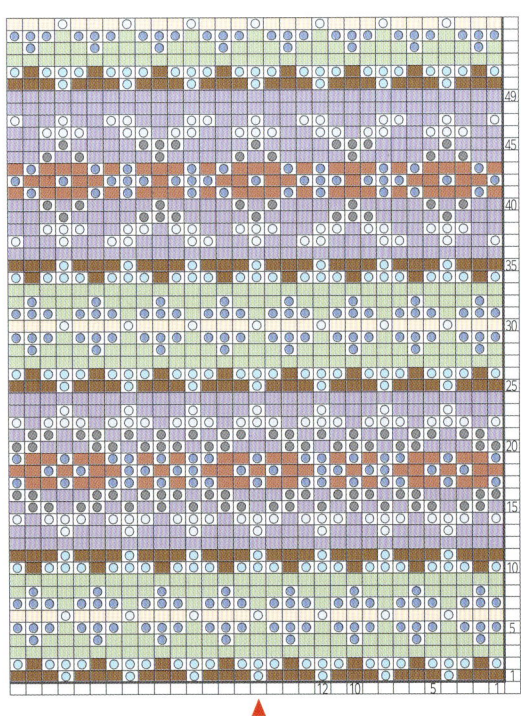

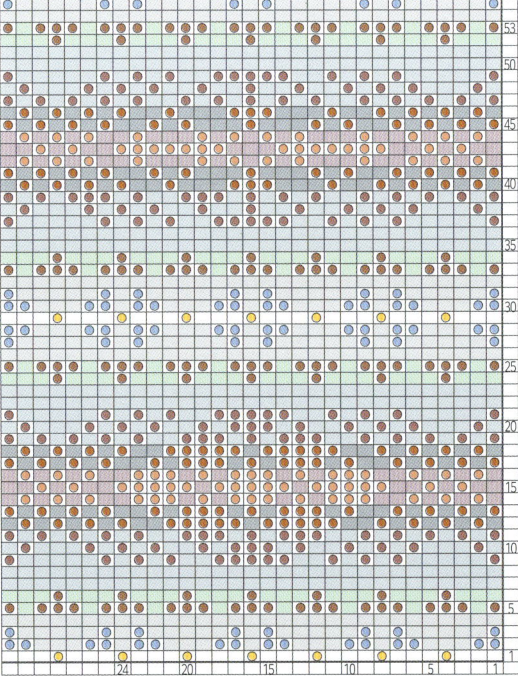

Fairisle

no.74

no.75

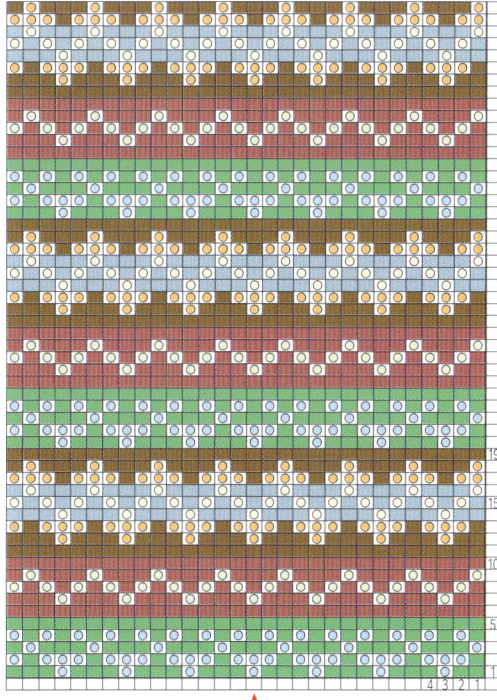

Fairisle

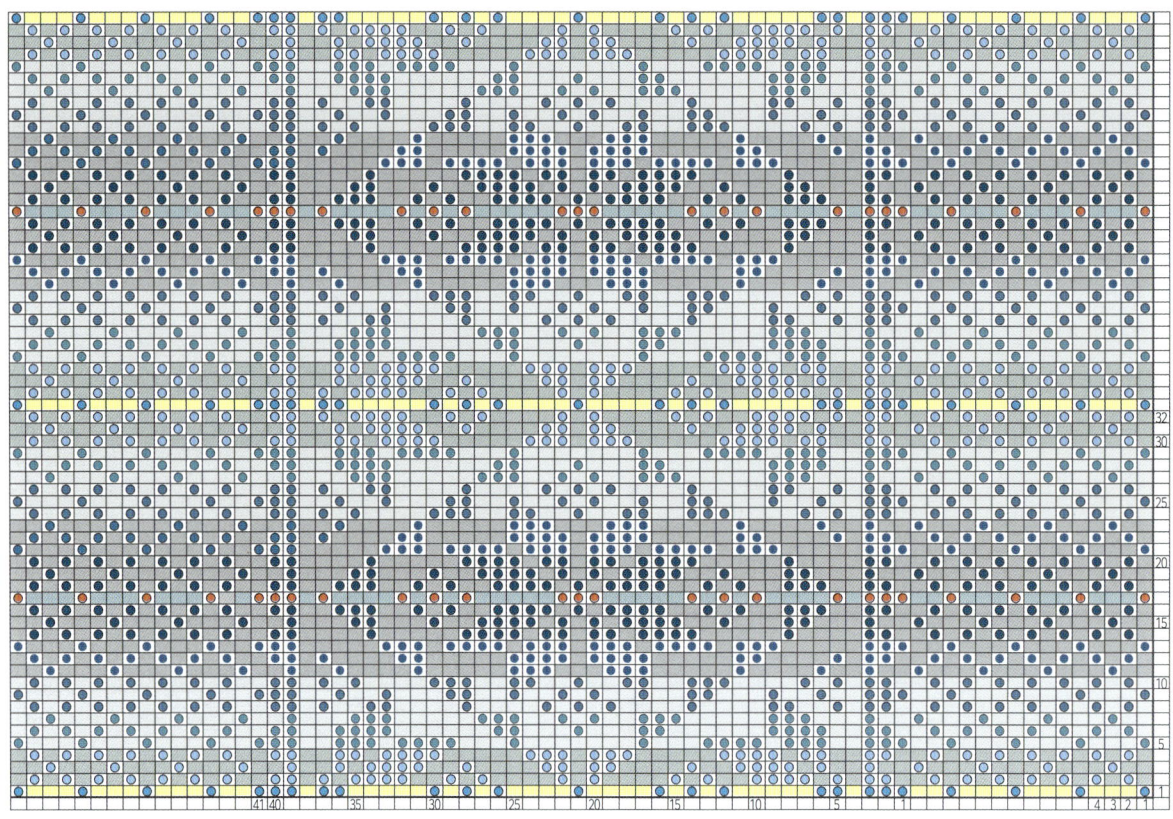

no.76

Fairisle

no.77

Fairisle

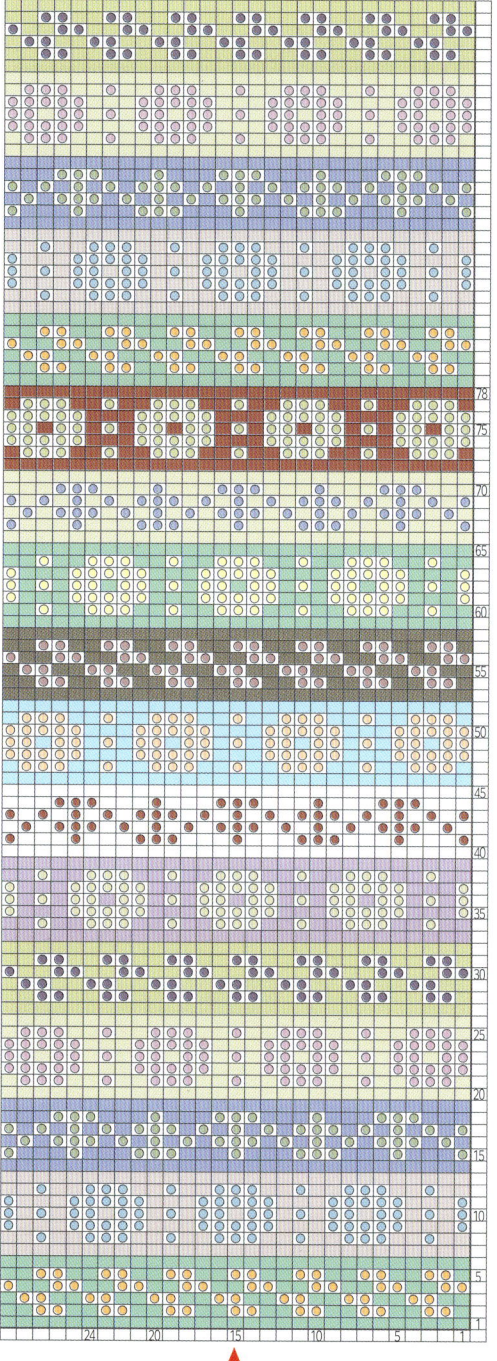

no.78

Fairisle

no.79

Fairisle

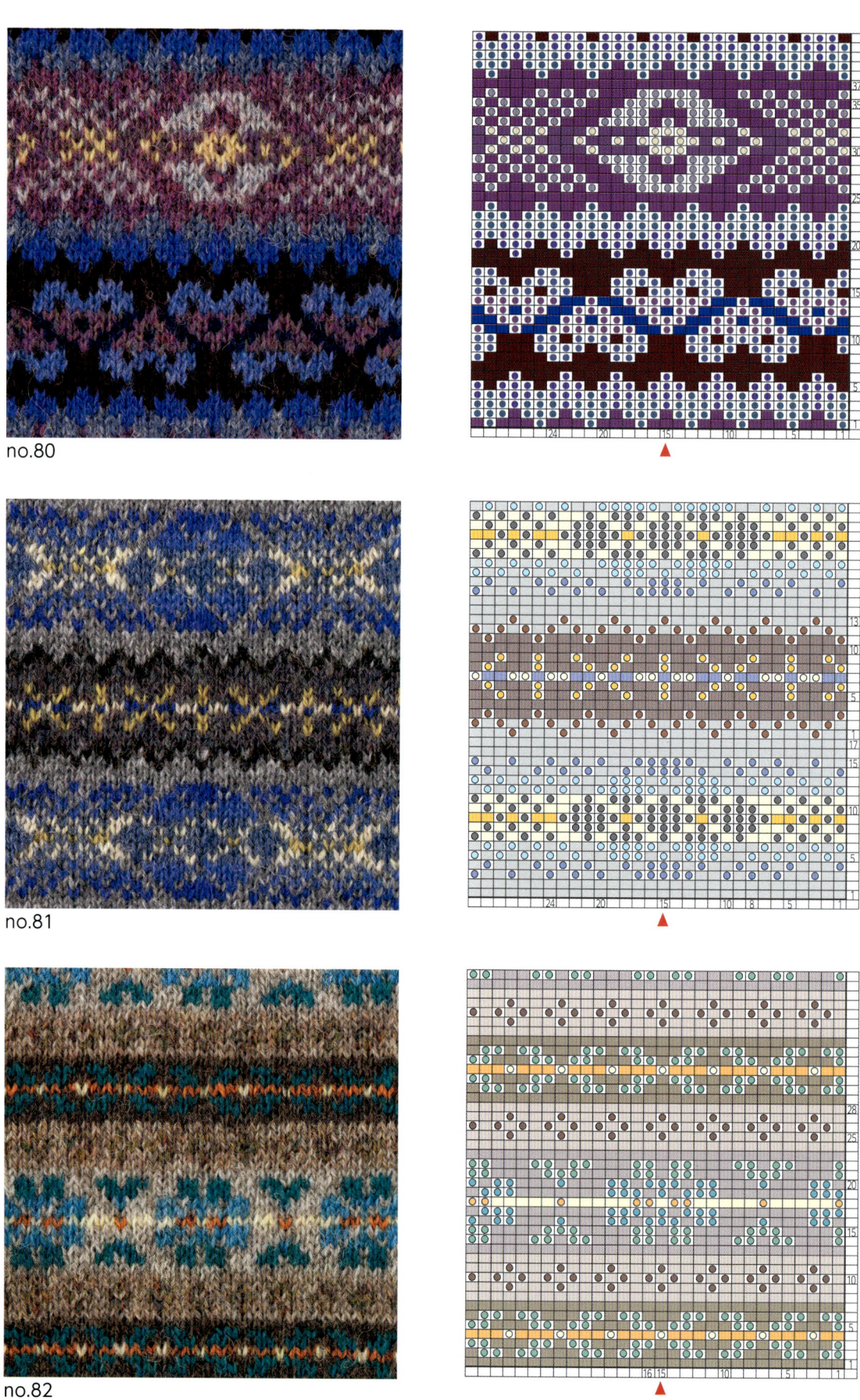

no.80

no.81

no.82

Fairisle

no.83

no.84

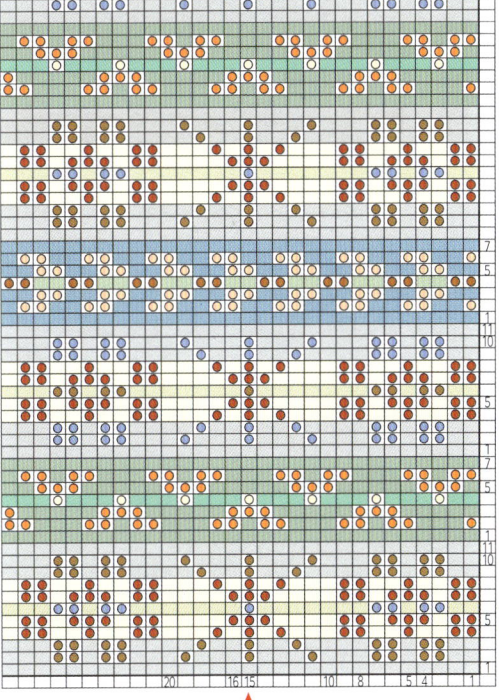

Fairisle

no.85

no.86

Fairisle

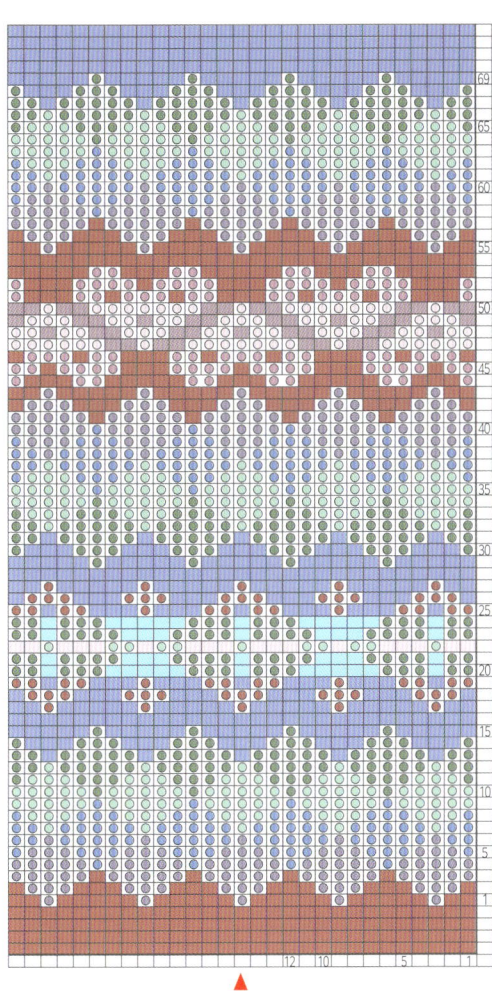

no.87

Stripe
스트라이프

How to make page 131

Stripe

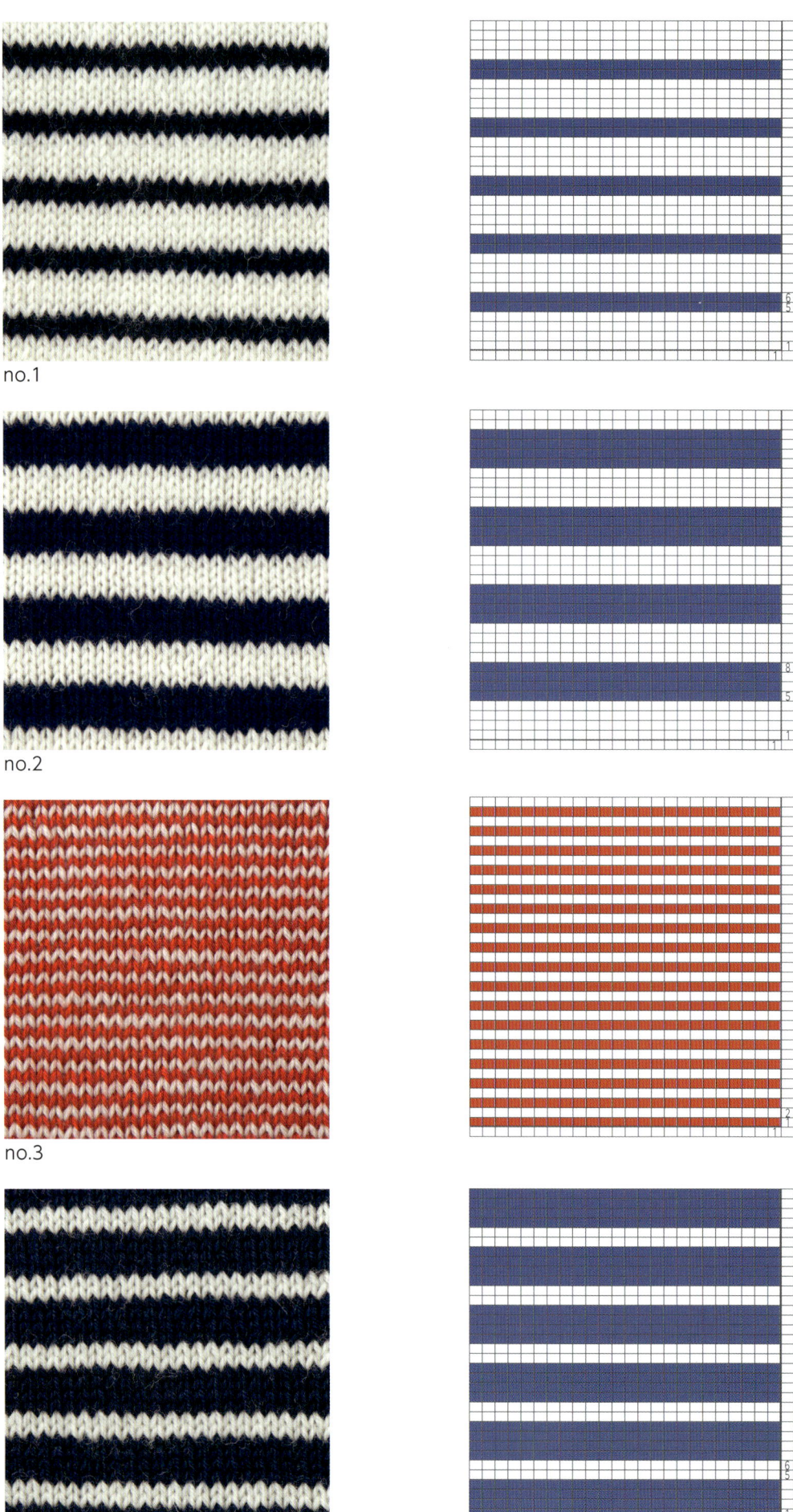

no.1

no.2

no.3

no.4

Stripe

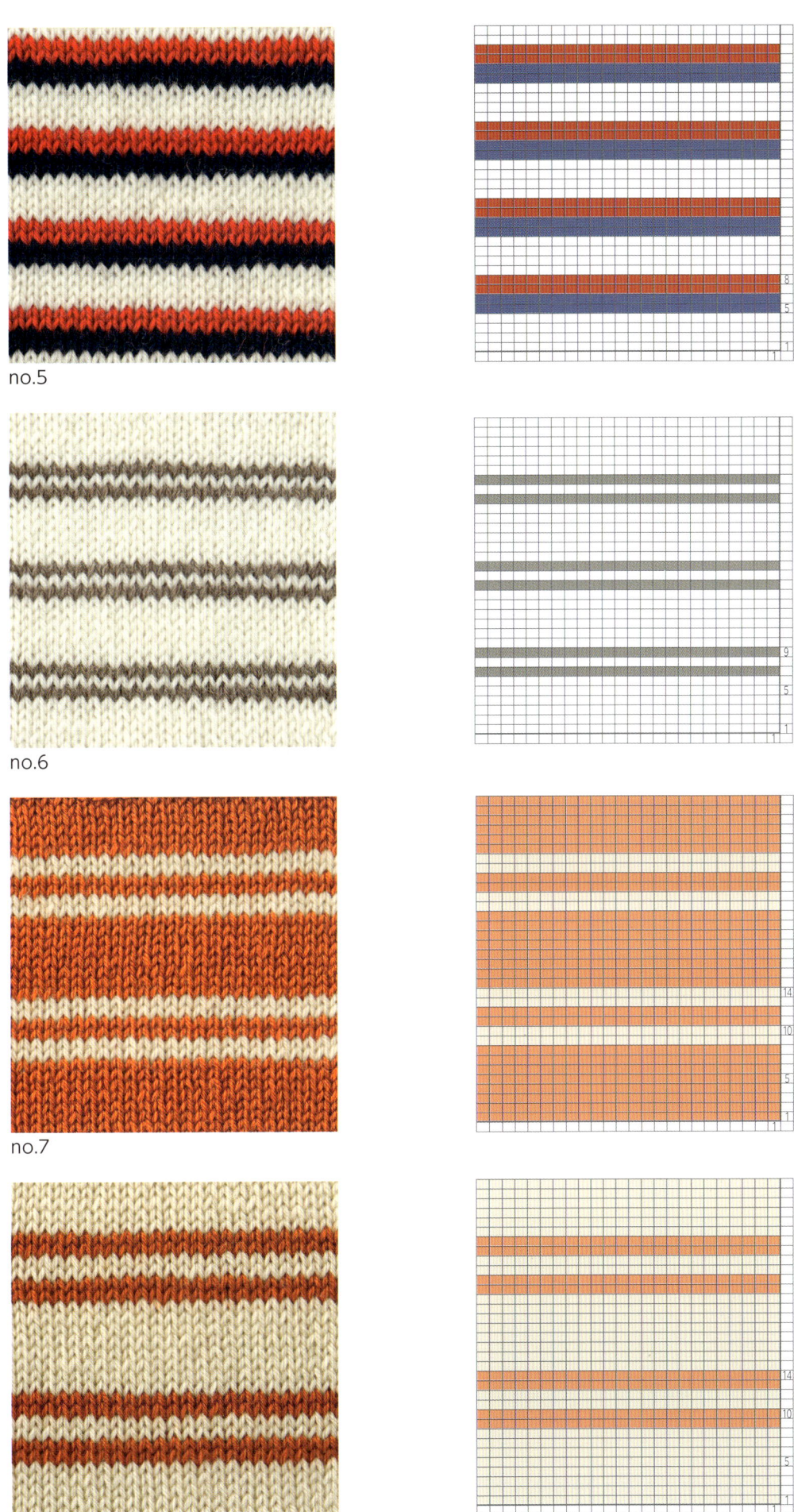

no.5

no.6

no.7

no.8

Stripe

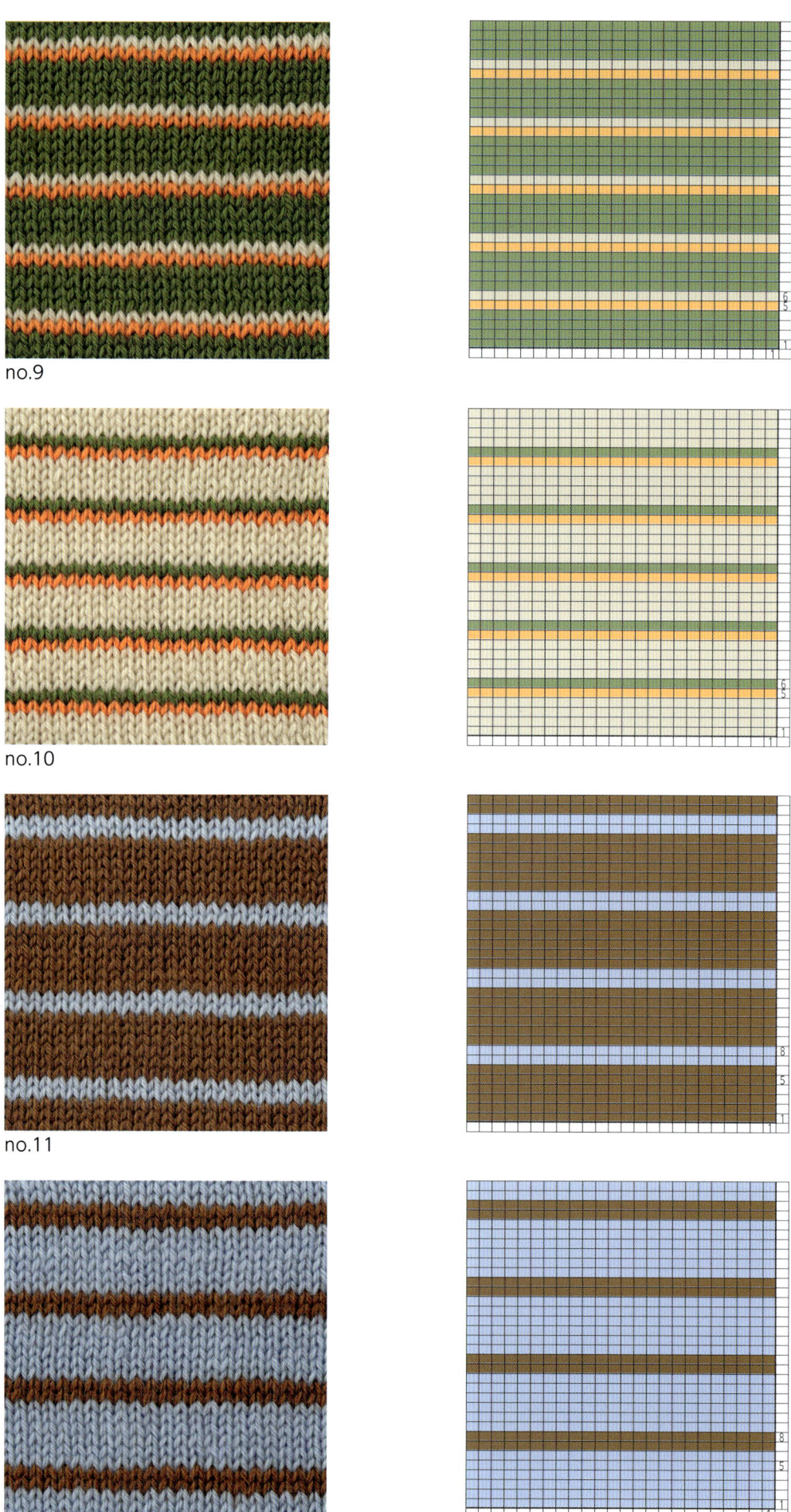

no.9

no.10

no.11

no.12

Stripe

no.13

no.14

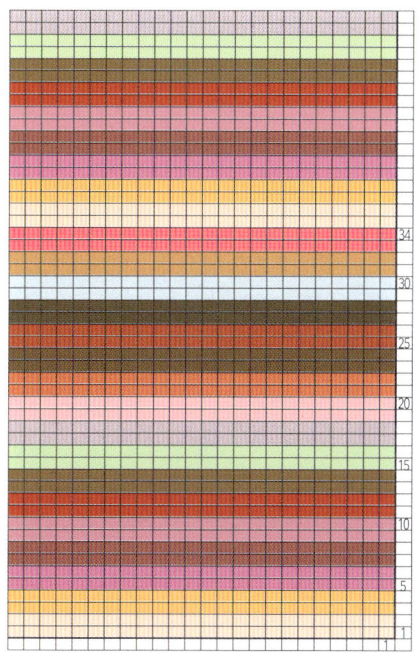

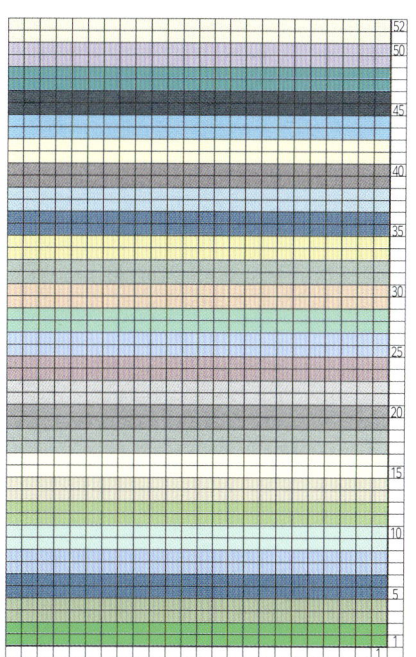

Stripe

no.15

Stripe

no.16

Stripe

no.17

no.18

no.19

Stripe

no.20

no.21

no.22

Stripe

no.23

no.24

no.25

Stripe

no.26

no.27

no.28

Nordic
노르딕

How to make page 129

*도안의 ▲는 무늬의 중심을 가리킵니다

Nordic

no.1 　　　　　　　　　　　　　　no.2

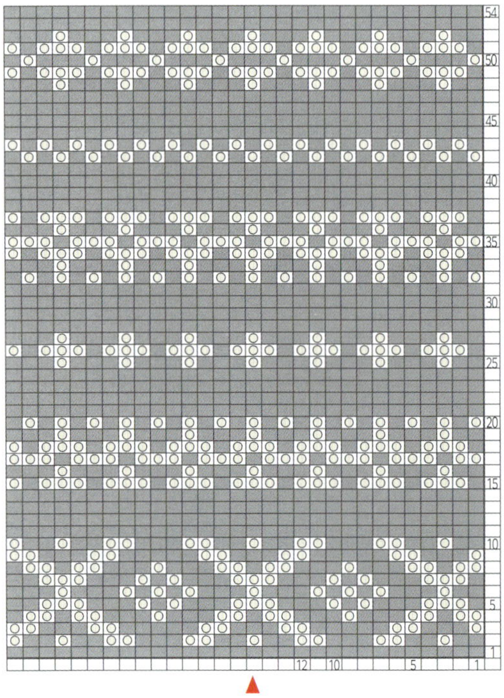

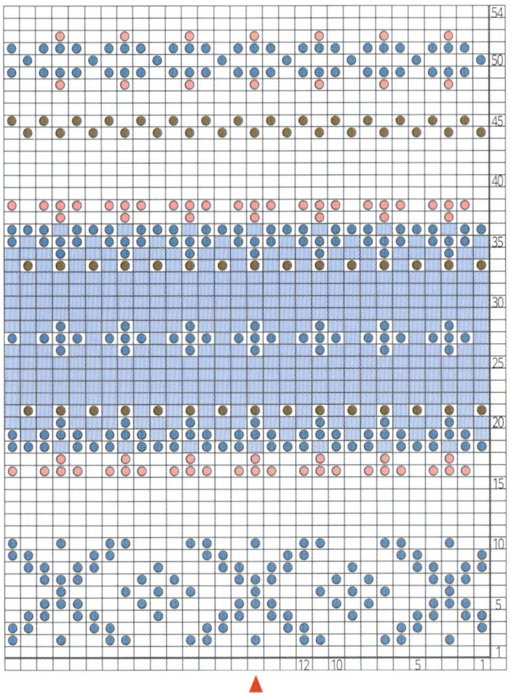

Nordic

no.3    no.4

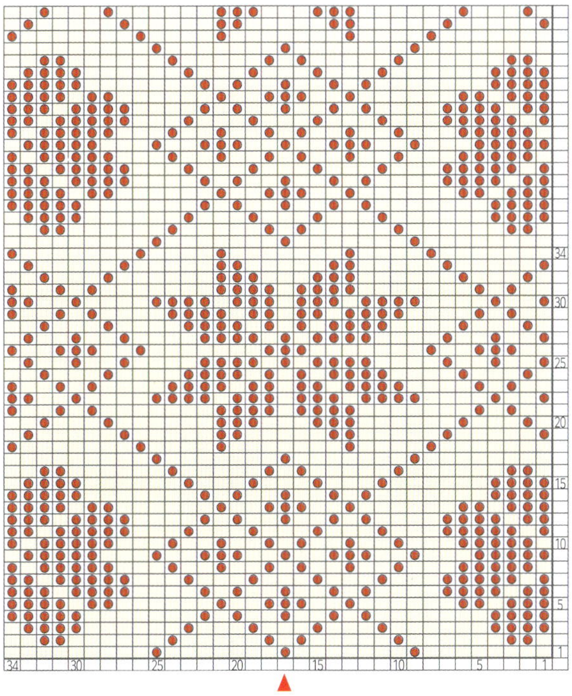

Nordic

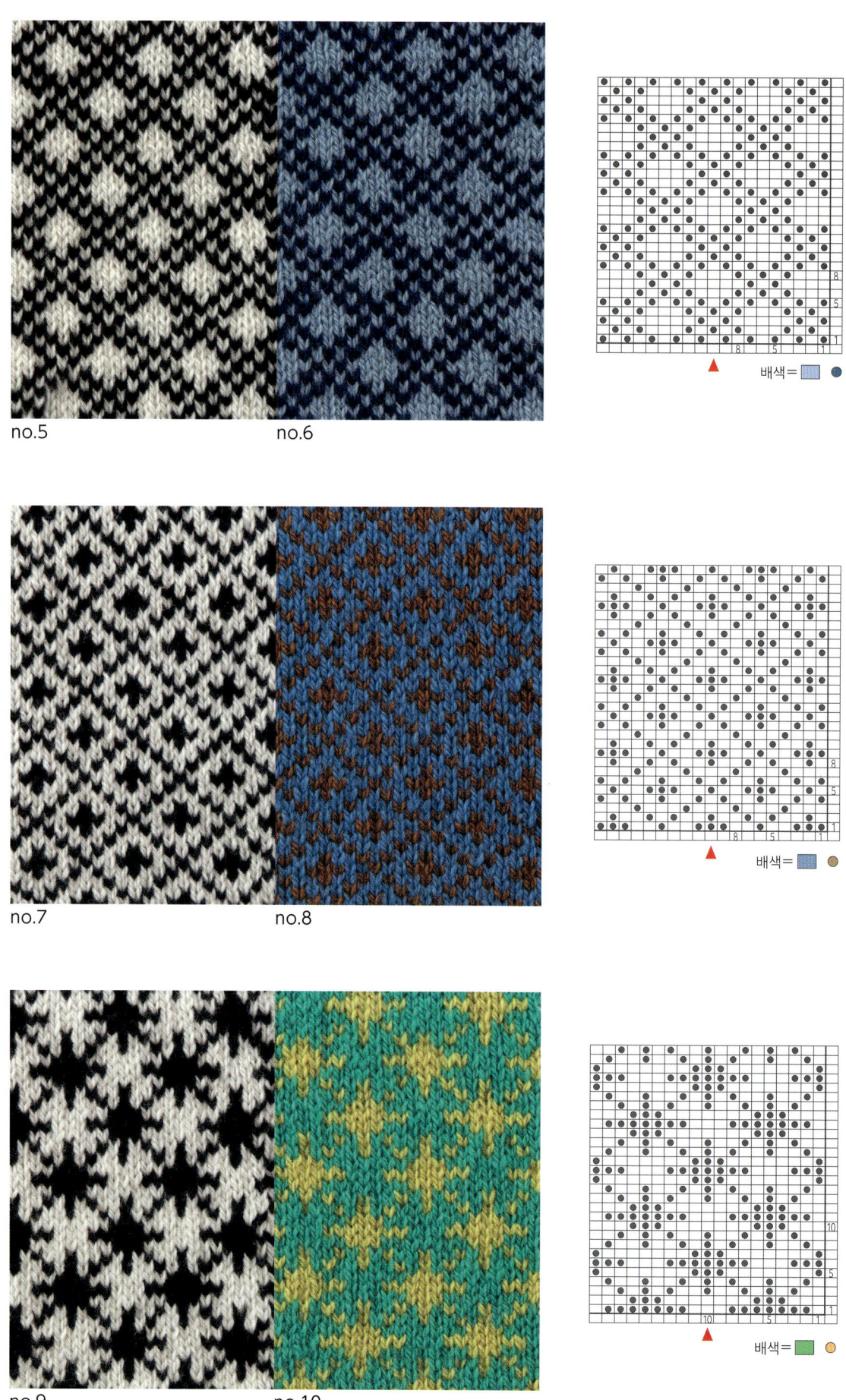

Nordic

no.11　　　no.12

no.13　　　no.14

no.15　　　no.16

Nordic

no.17　no.18

no.19　no.20

no.21　no.22

Nordic

no.23　　　　　　　　　　　　　no.24

배색＝ 🟩 🔴

Nordic

no.25　　　　　　　　　　no.26

no.27　　　　　　　　　　no.28

※no.25~28 기호도→page 88

Nordic

no.29　　　　　　　　　　　　　　　no.30

※no.29・30 기호도→page 89

Nordic

no.25 · 26
page 86

no.27 · 28
page 86

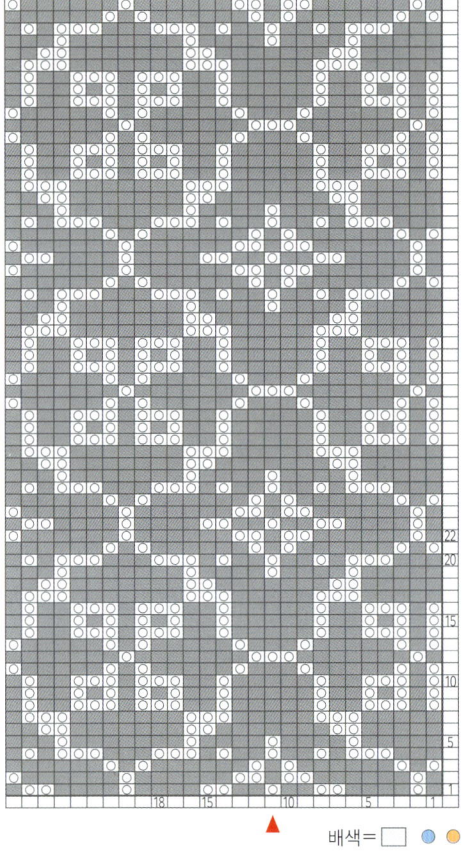

Nordic

no.29 · 30
page 87

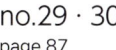

Nordic

no.31 no.32

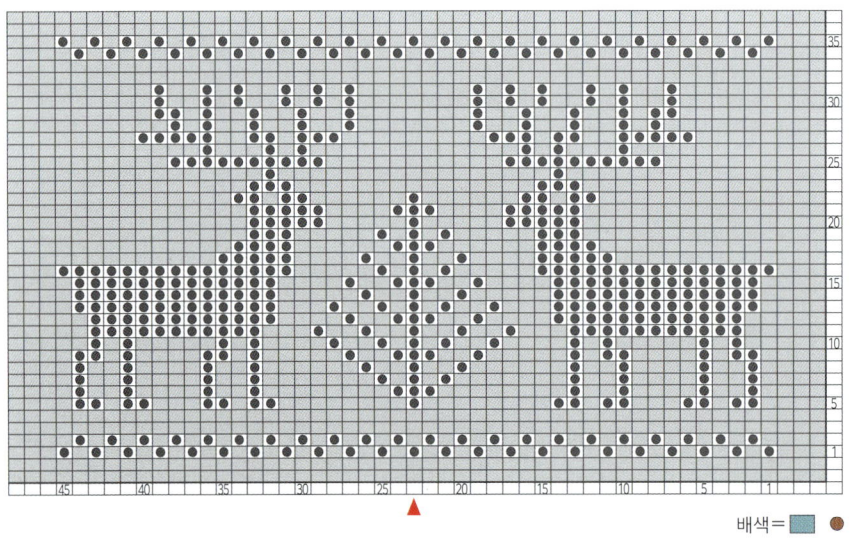

배색= 🟦 ●

Nordic

no.33　　　　　　　　　　　no.34

배색＝□ ●

Nordic

no.35　no.36
no.37　no.38
no.39　no.40

Nordic

no.41　no.42

no.43　no.44

no.45　no.46

Nordic

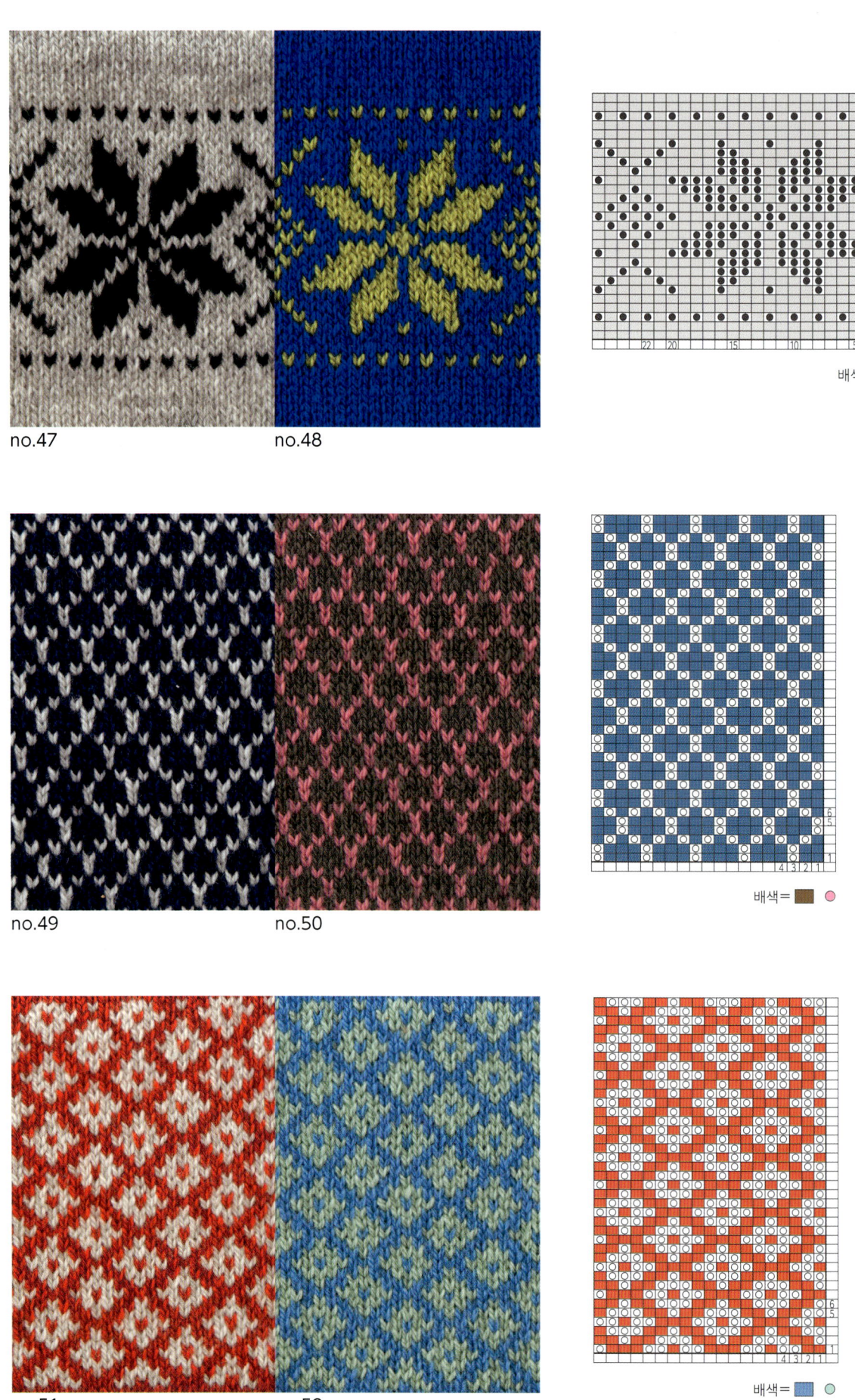

no.47　no.48

no.49　no.50

no.51　no.52

Nordic

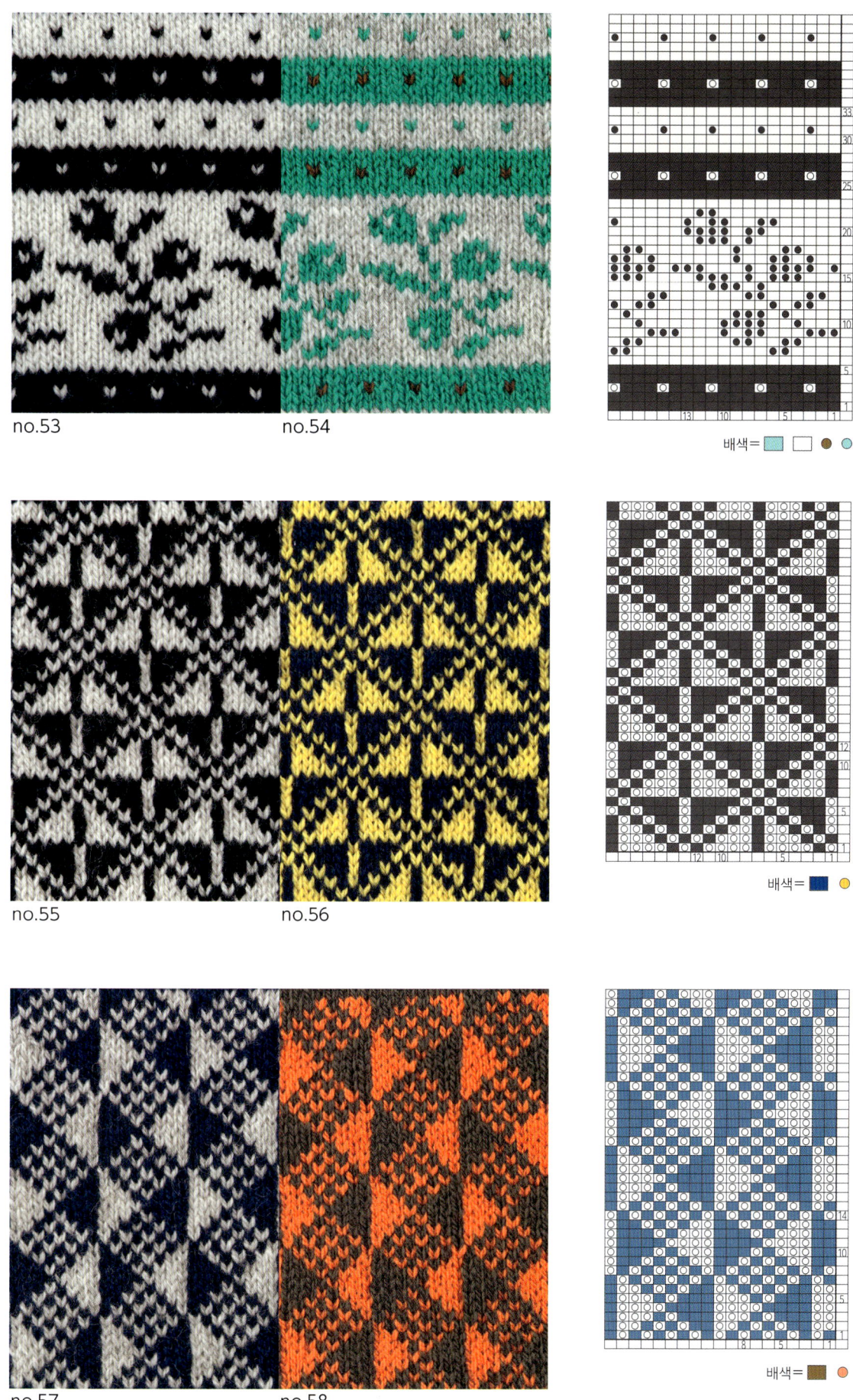

no.53　no.54

no.55　no.56

no.57　no.58

Nordic

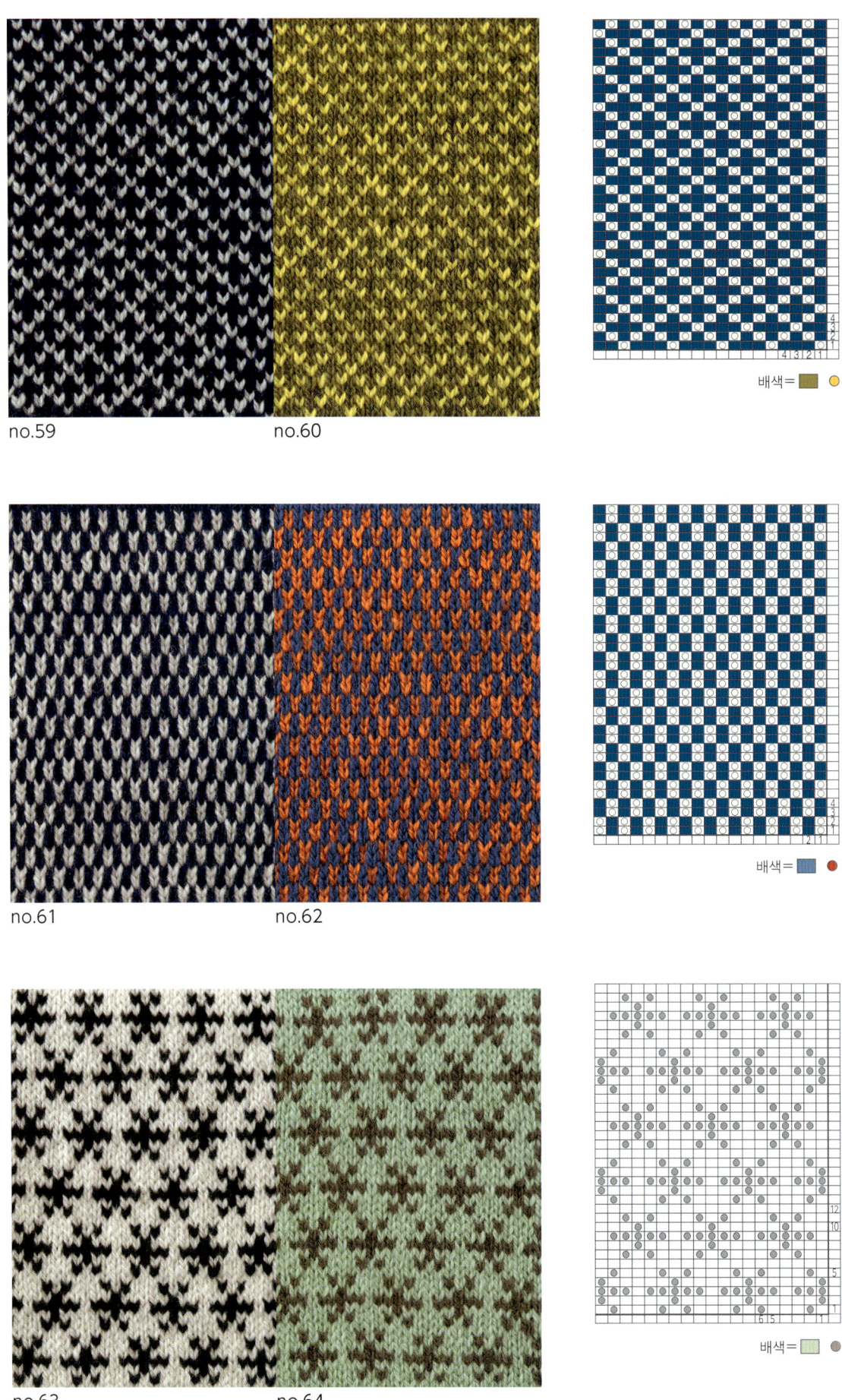

no.59　　no.60

no.61　　no.62

no.63　　no.64

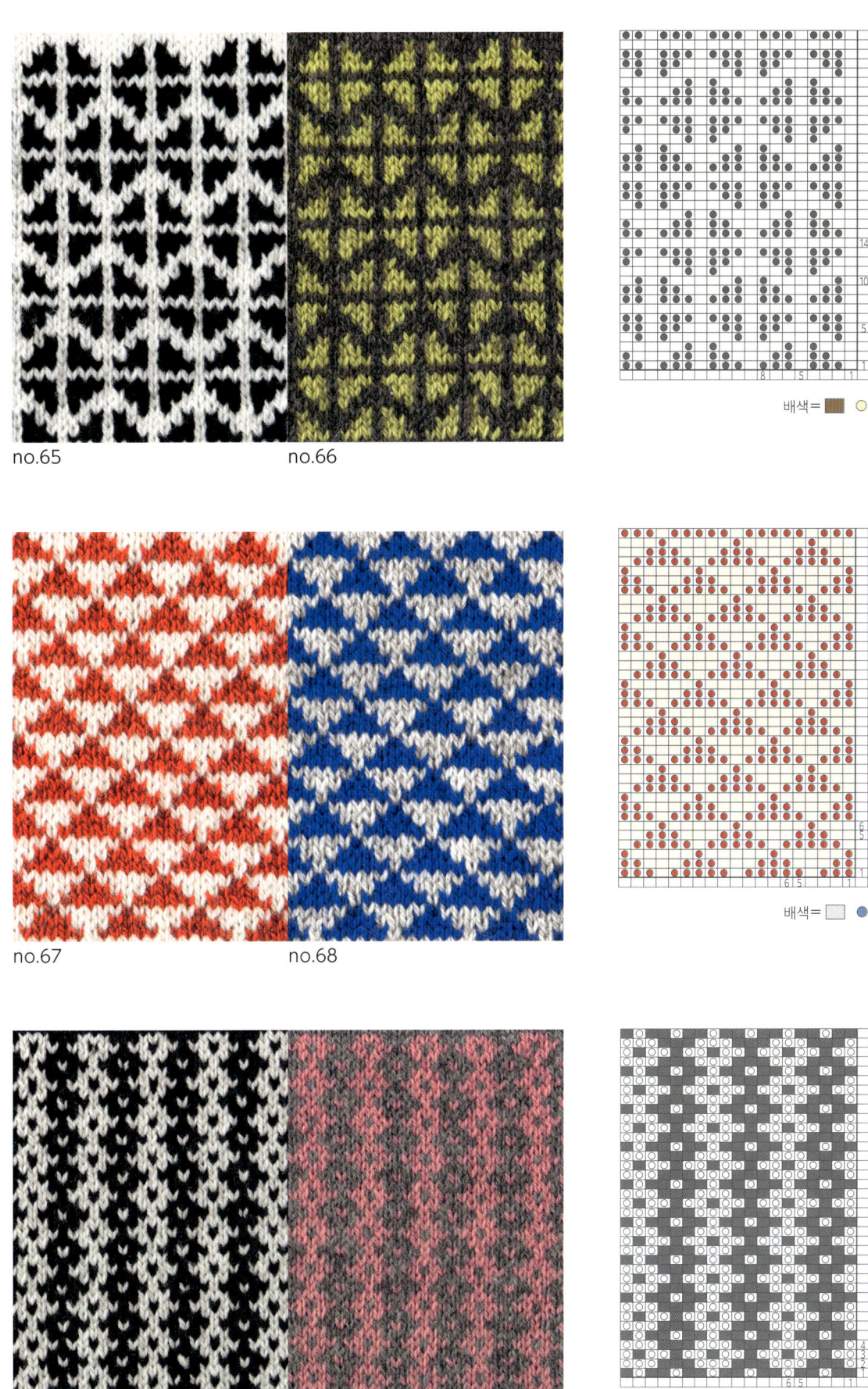

Nordic

no.71 no.72

no.73 no.74

no.75 no.76

Nordic

no.77　　　　　　　　　　　　　no.78

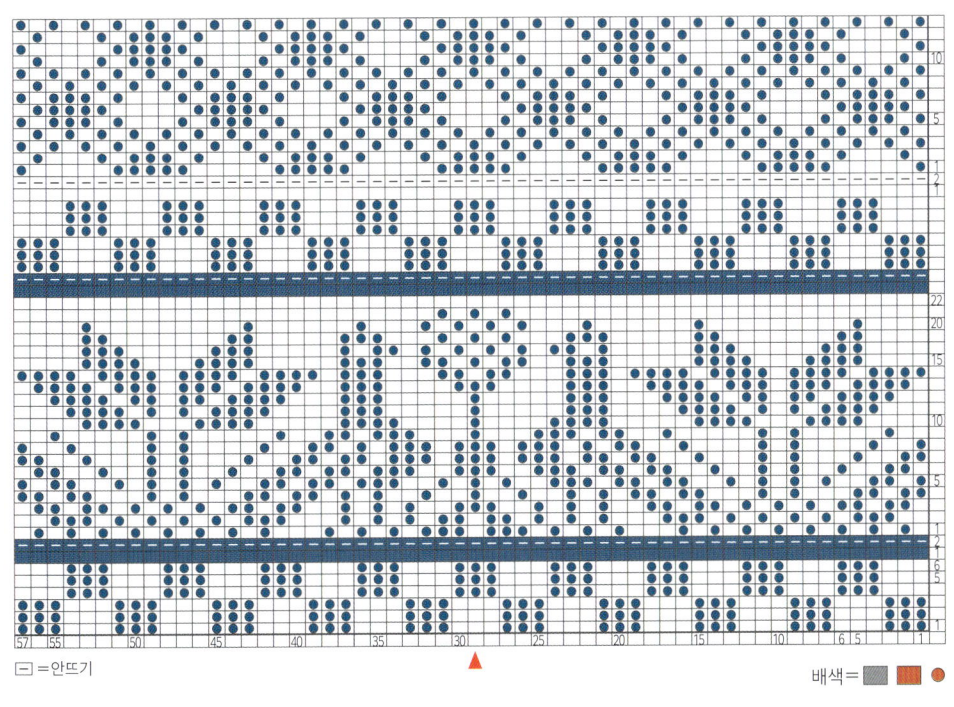

⊟ =안뜨기　　　　　　　　　　　　　　　　배색=

Nordic

no.79　　　　　　　　　　　　　　　　no.80

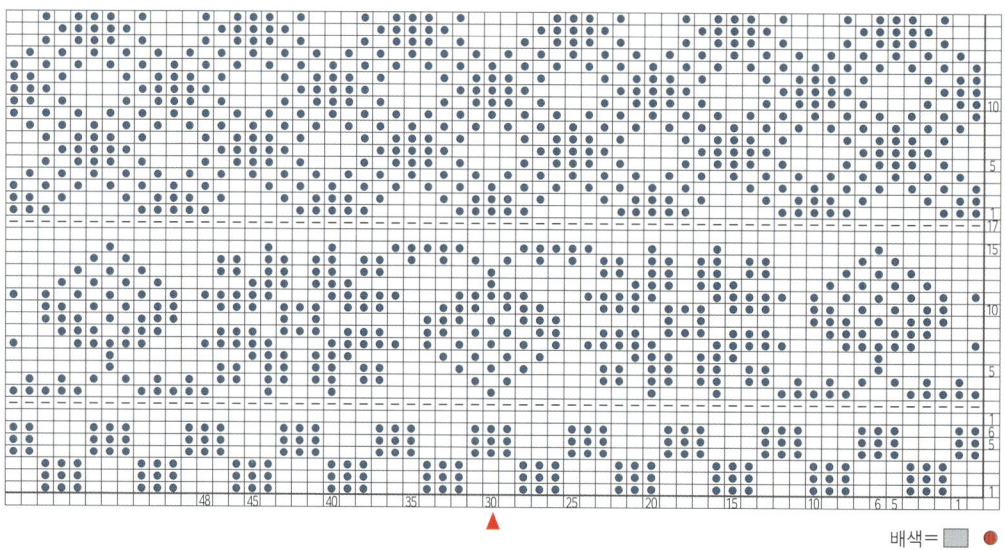

배색= ●

Nordic

no.81　　　　　　　　　　　　　　no.82

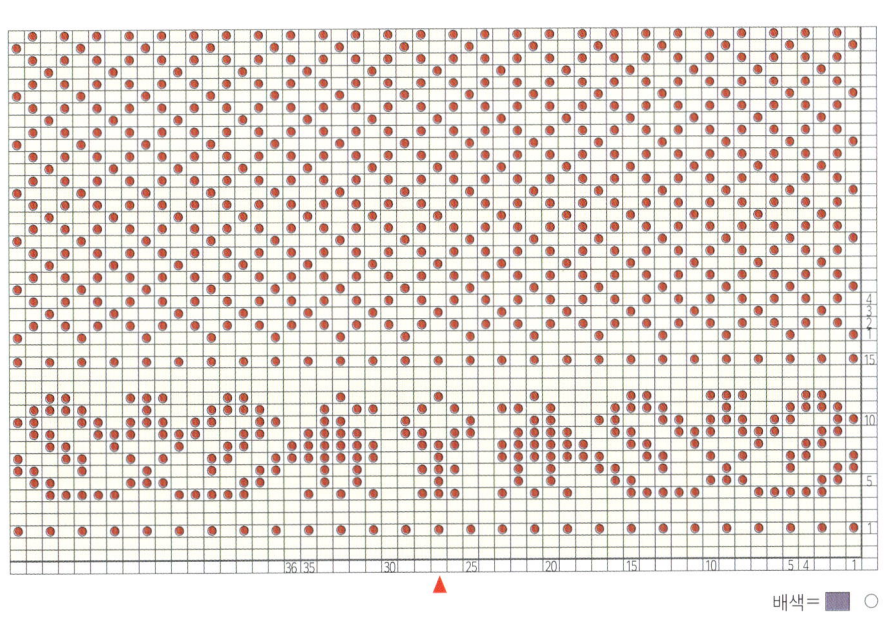

배색= ■ ○

Nordic

no.83　　　　no.84　　　　no.85　　　　no.86

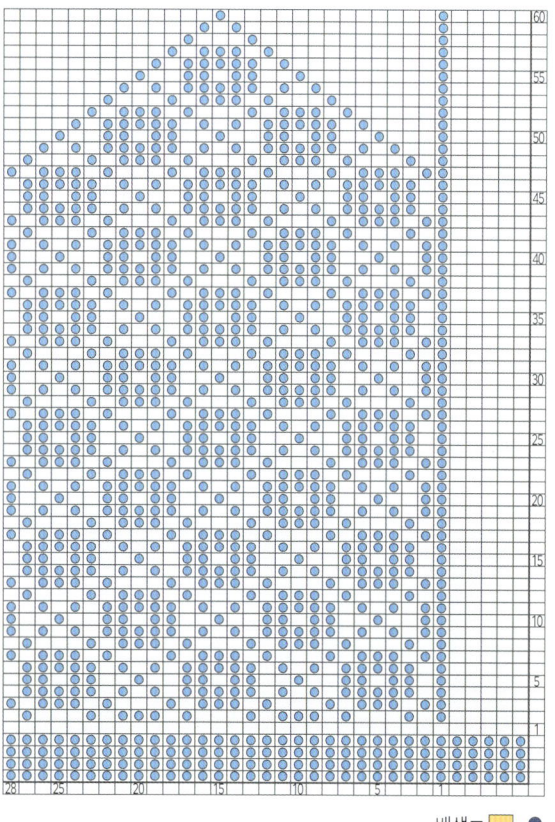

no.87　　　　no.88

※no.85~88 기호도→page 133

Nordic

no.89 no.90

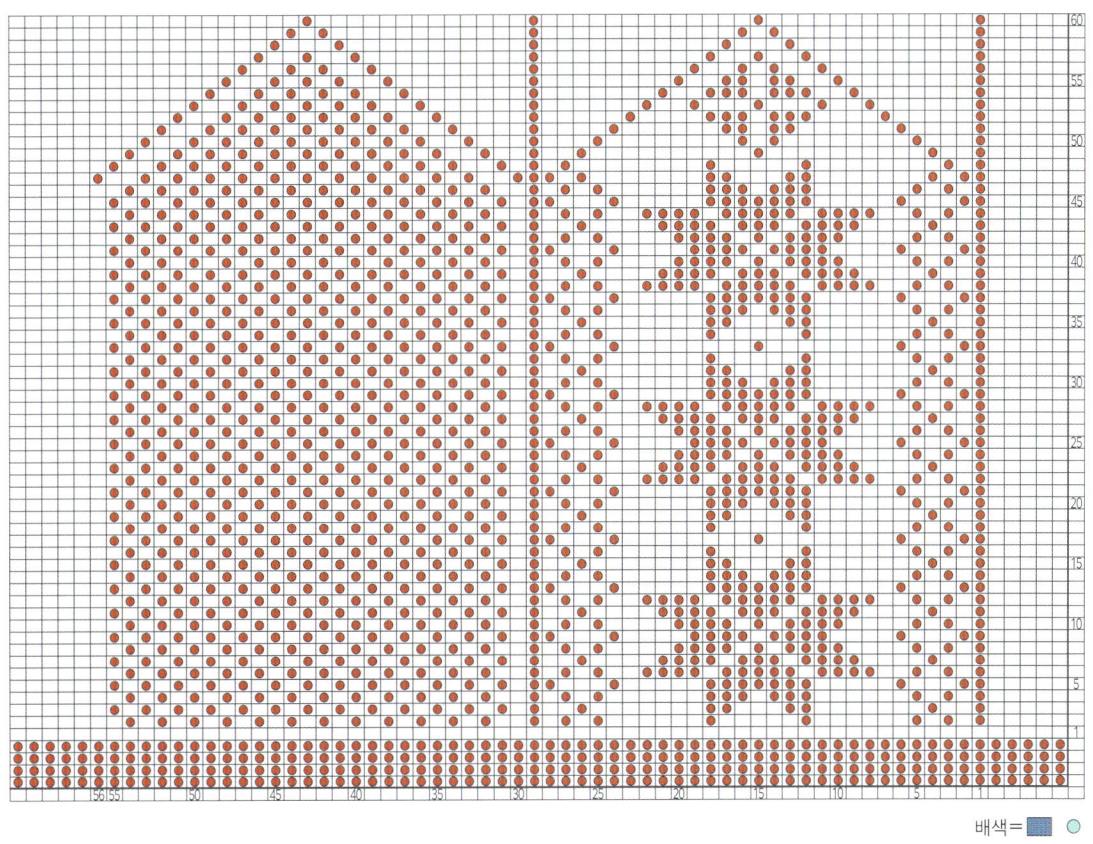

배색=

Nordic

no.91 no.92

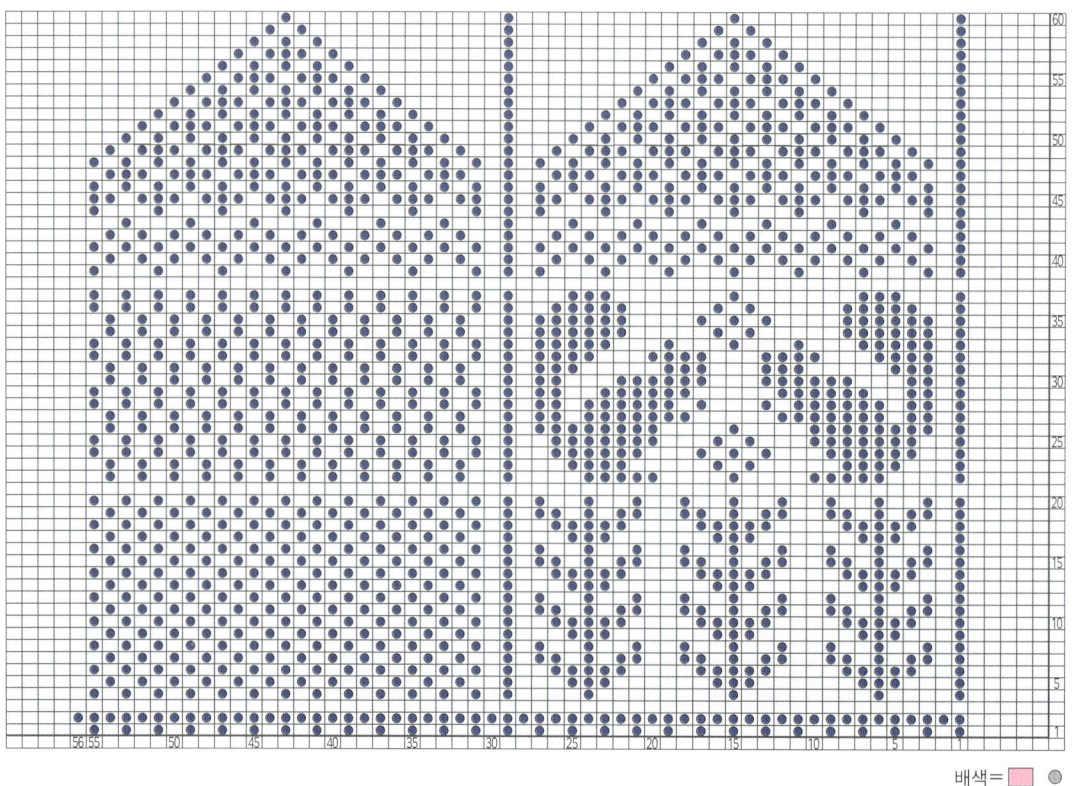

배색= 🩷 ⚫

Nordic

no.93   no.94

배색= ●

105

Nordic

no.95　　　　　　no.96

no.97　　　　　　no.98

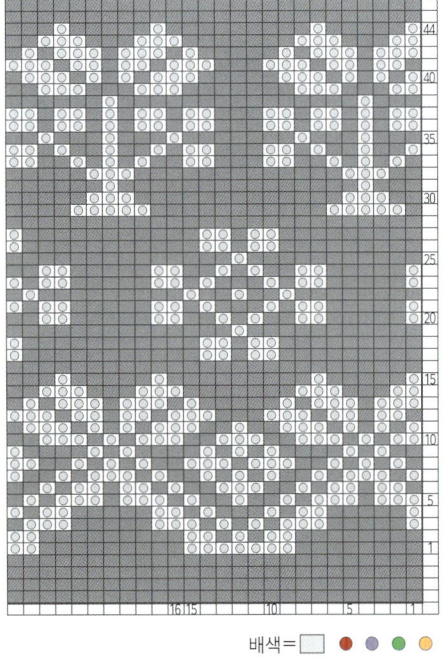

배색=

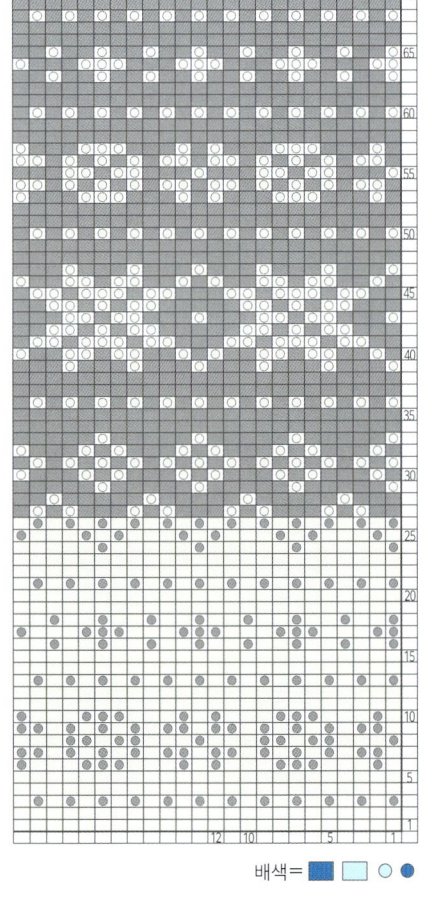

배색=

Nordic

no.99　　　　　　no.100

no.101　　　　　　no.102

Nordic

no.103 no.104

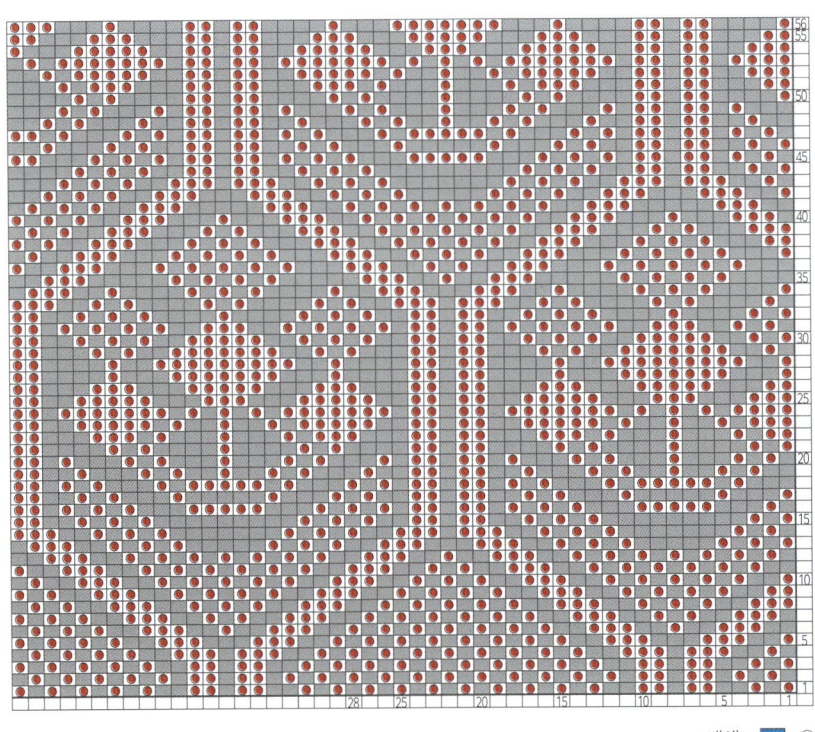

배색=■ ○

Nordic

no.105　　　　　　　　　　no.106

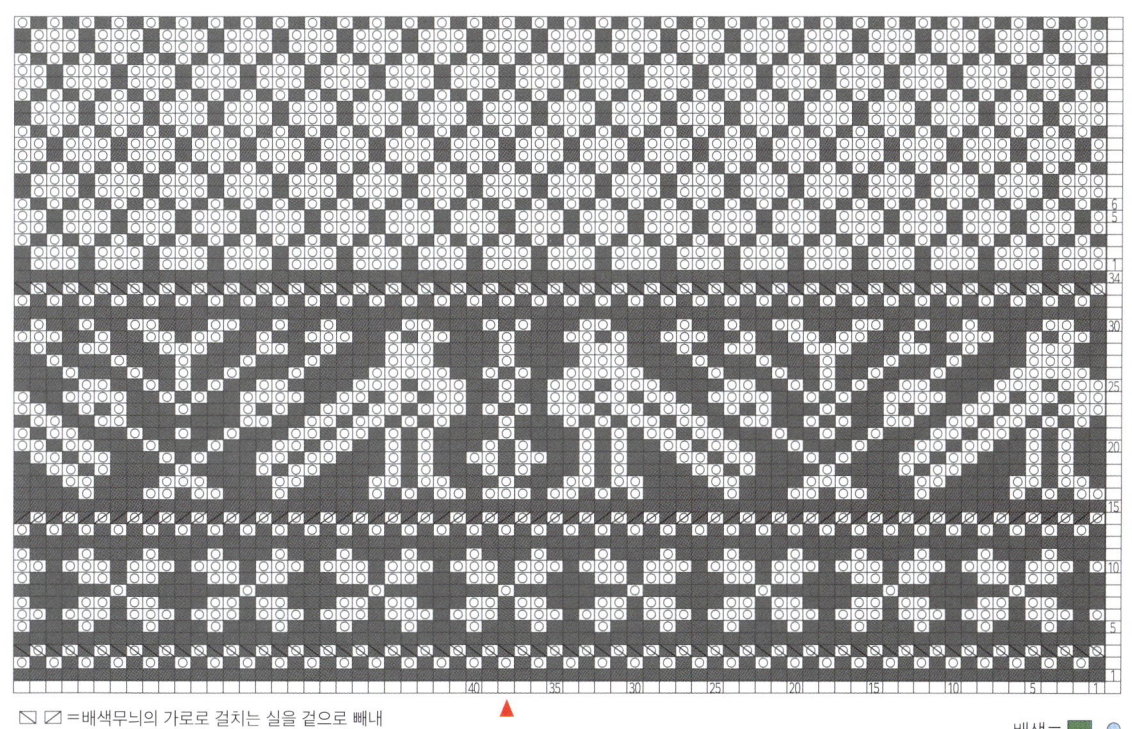

◩ ◪ =배색무늬의 가로로 걸치는 실을 겉으로 빼내
　　 겉뜨기를 뜬다(뜨는 법 127페이지 참고)

배색=

Nordic

no.107　　　　　no.108　　　　　　　no.109　　　　　no.110

□ =안뜨기　　　　　　　　　　　　　배색= ▨ ●

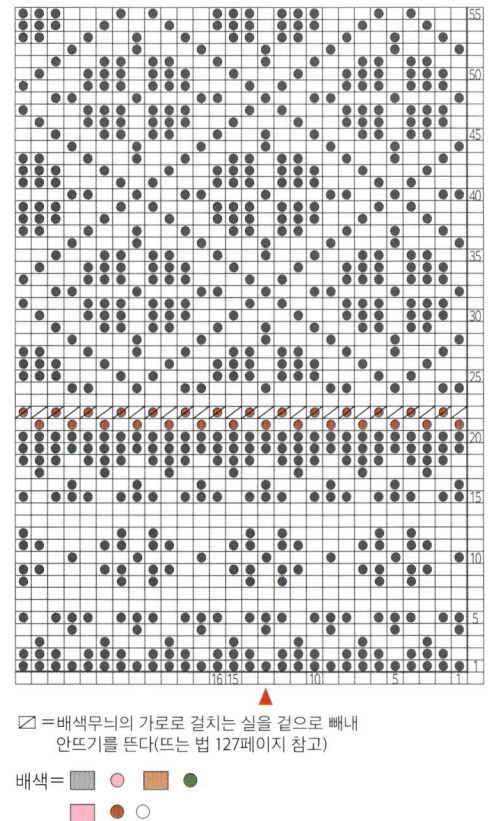

◪ =배색무늬의 가로로 걸치는 실을 겉으로 빼내
　안뜨기를 뜬다(뜨는 법 127페이지 참고)

배색= ▨ ● ▨ ●
　　　 ▨ ● ○

Nordic

no.111

no.112

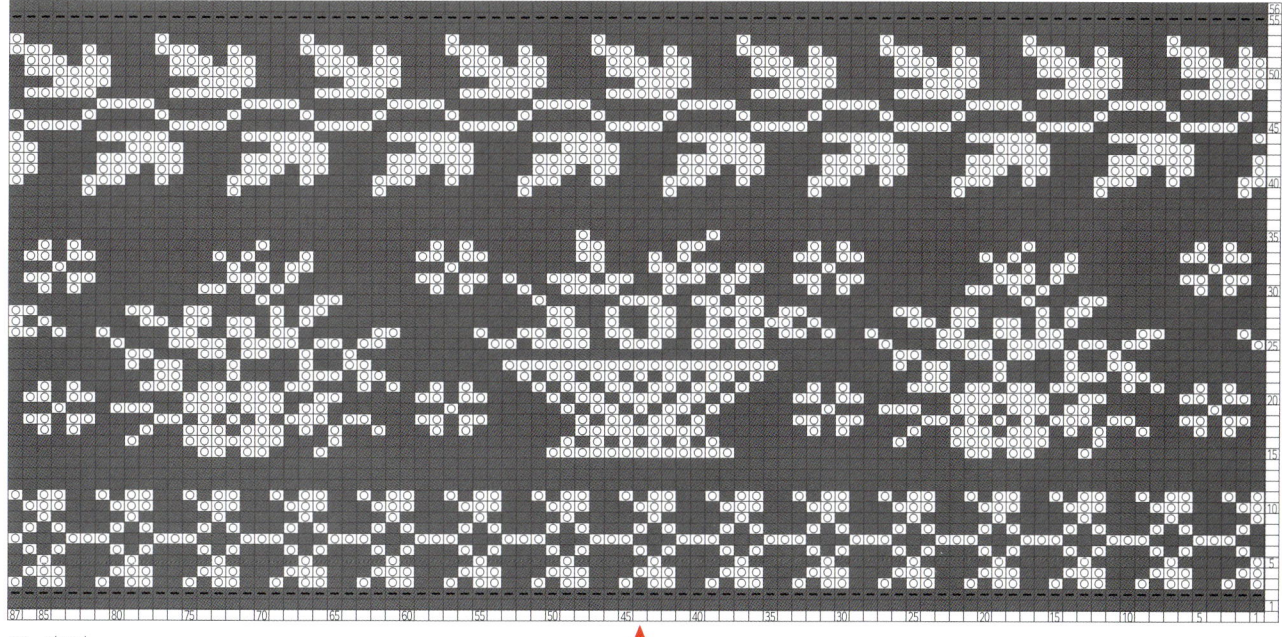

□ =안뜨기

배색=

Nordic

no.113　　　　　no.114

no.115　　　　　no.116

Nordic

no.117　　　　　　　　　no.118

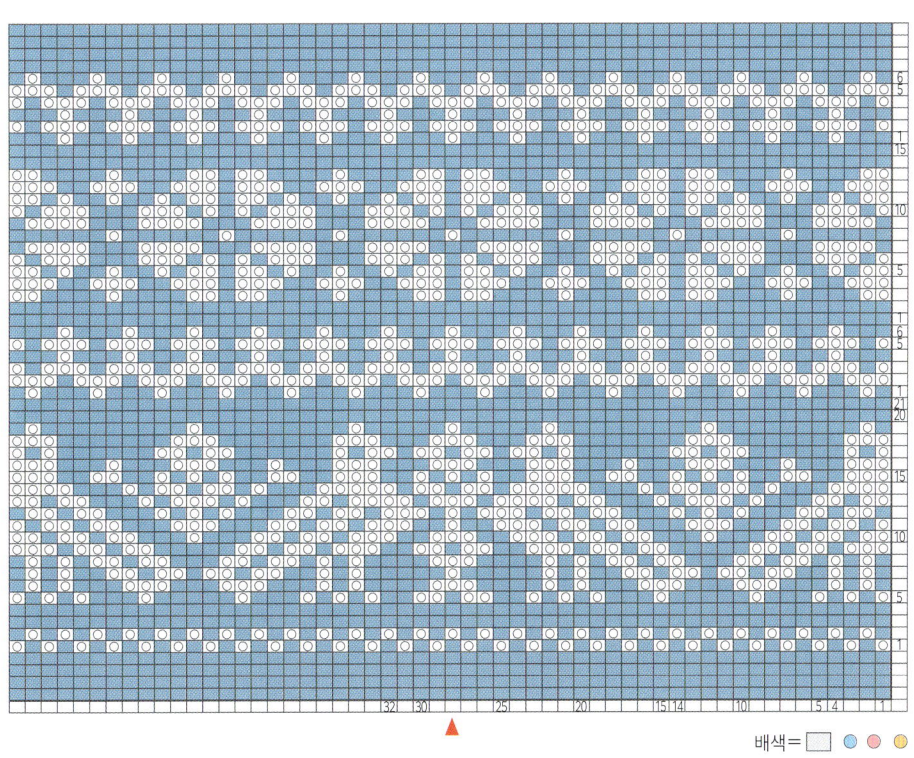

배색＝

Nordic

no.119　　　　　no.120　　　　　　　no.121　　　　　no.122

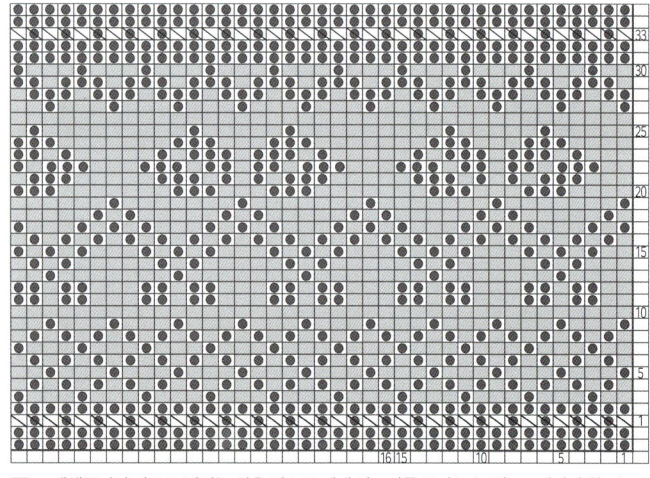

◨ =배색무늬의 가로로 걸치는 실을 겉으로 빼내 안뜨기를 뜬다(뜨는 법 127페이지 참고)

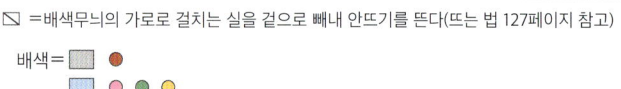

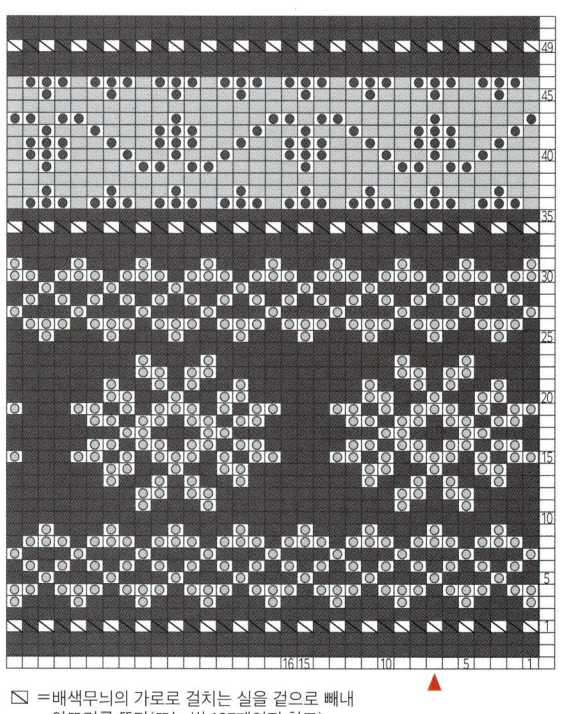

◨ =배색무늬의 가로로 걸치는 실을 겉으로 빼내
　안뜨기를 뜬다(뜨는 법 127페이지 참고)

Nordic

no.123

Argyle
아가일

How to make page 132

Argyle

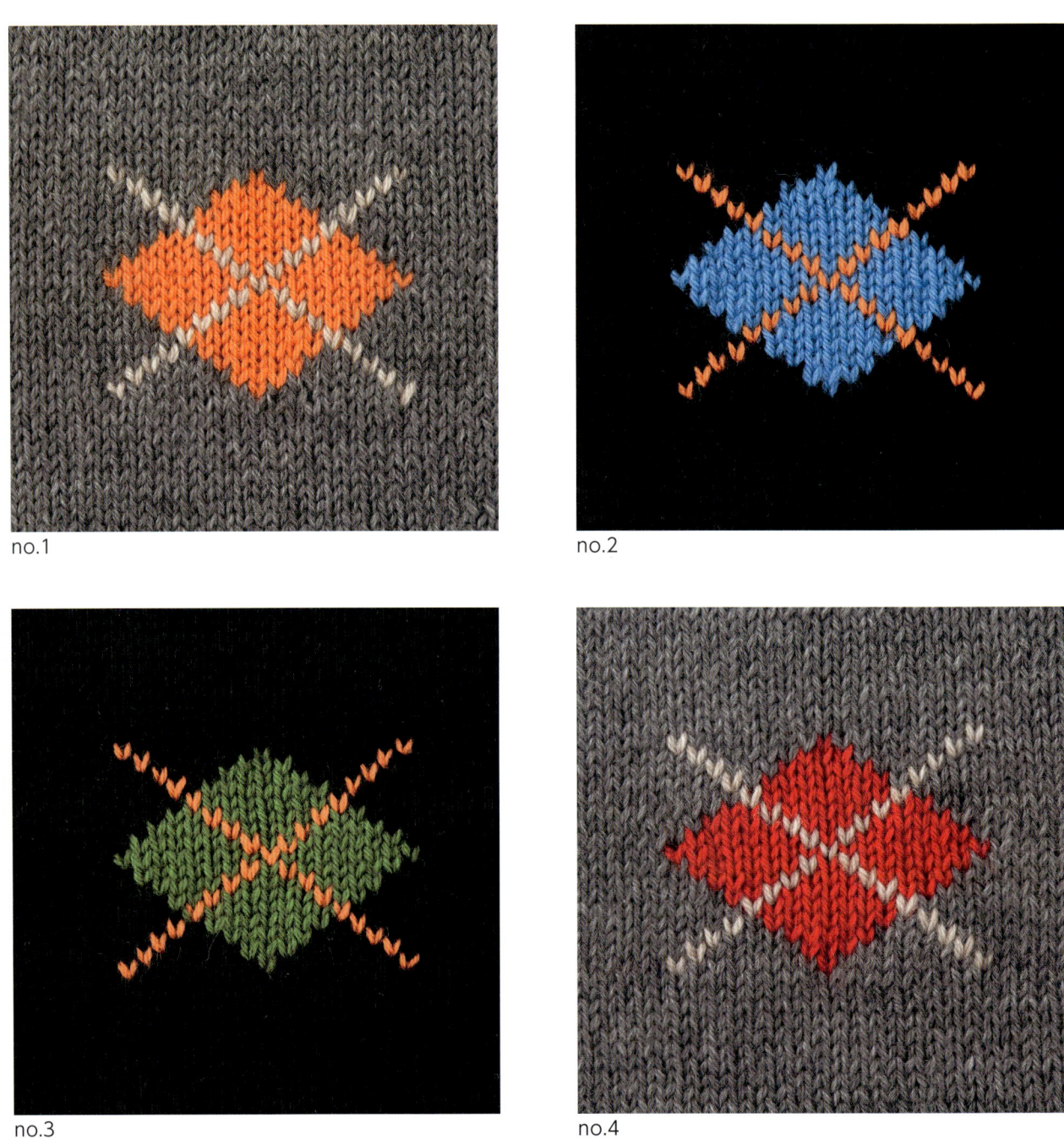

no.1

no.2

no.3

no.4

Argyle

no.5

Argyle

Argyle

no.7

no.8

no.9

○ =메리야스자수 위치

Argyle

no.10
크고 작은 아가일 체크를 어우르면, 그 사이에 변형 마름모가 생겨서 무늬에 움직임이 더해집니다. 내추럴 계열과 밝은 색상의 배색에 같은 계열의 강렬한 색상을 포인트로 가미해서 한층 더 생동감이 느껴집니다.
기호도➜page 135

Argyle

no.11

no.12

no.13

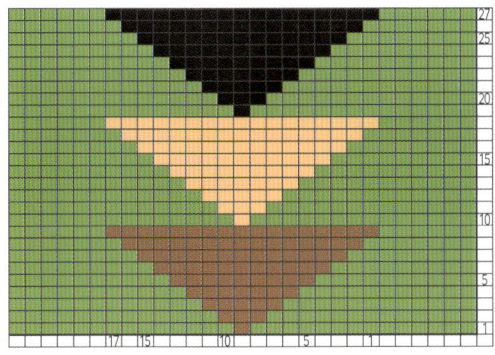

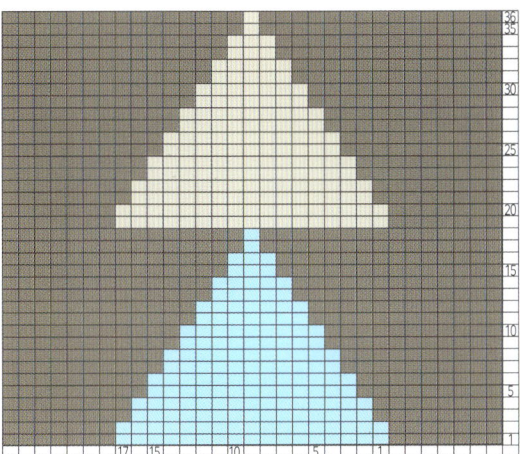

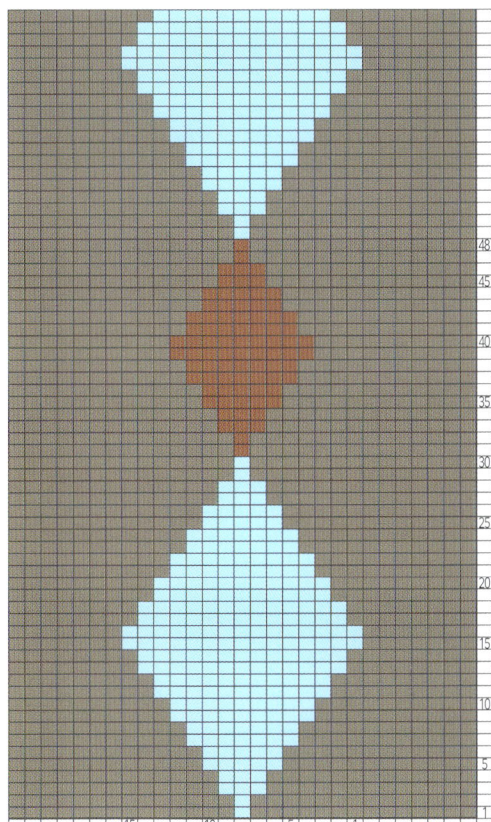

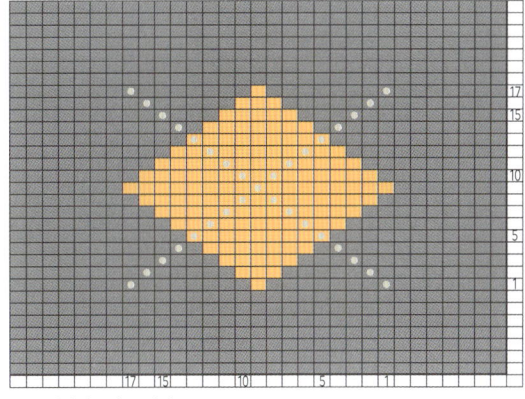

◦ =메리야스자수 위치

no.1
page 118

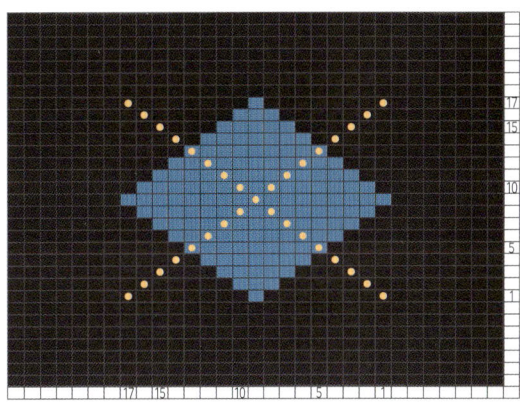

◦ =메리야스자수 위치

no.2
page 118

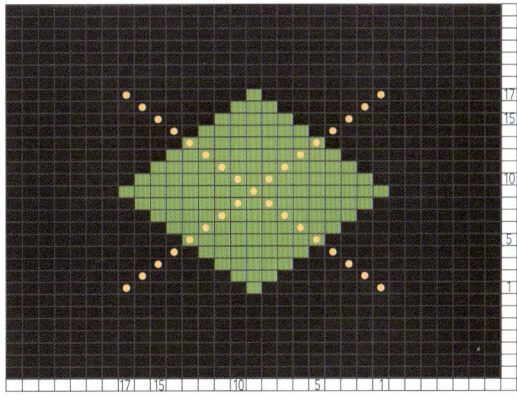

◦ =메리야스자수 위치

no.3
page 118

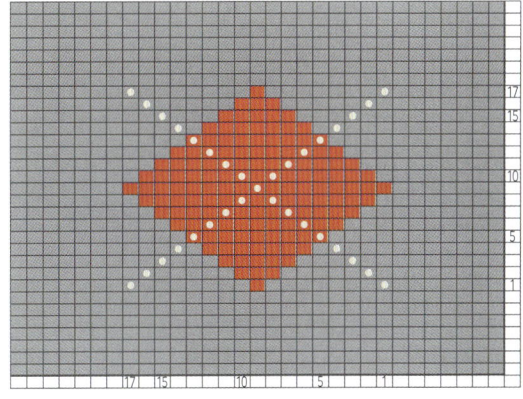

◦ =메리야스자수 위치

no.4
page 118

Basic Knitting

☐ [겉뜨기]

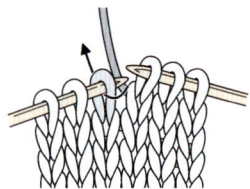 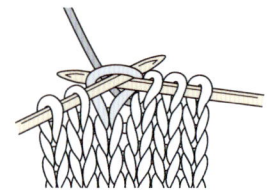 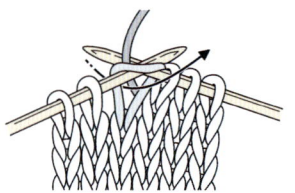 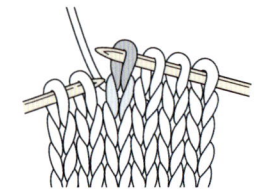

1 실을 뒤에 놓고 화살표와 같이 대바늘을 넣는다.
2 대바늘을 넣은 모습.
3 대바늘에 실을 걸고 화살표와 같이 빼낸 뒤, 왼쪽 대바늘을 당겨 코를 빼낸다.
4 겉뜨기 완성.

─ [안뜨기]

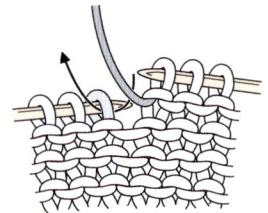 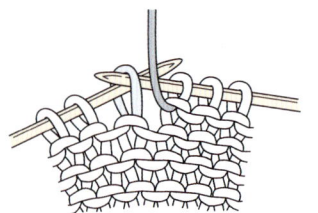 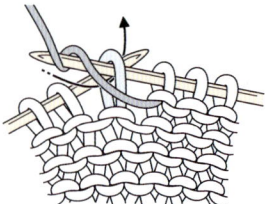 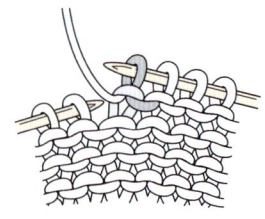

1 실을 앞에 놓고 화살표와 같이 대바늘을 넣는다.
2 대바늘을 넣은 모습.
3 대바늘에 실을 걸고 화살표와 같이 빼낸 뒤, 왼쪽 대바늘을 당겨 코를 빼낸다.
4 안뜨기 완성.

∀ [걸러뜨기]

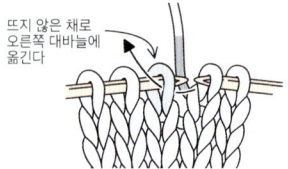 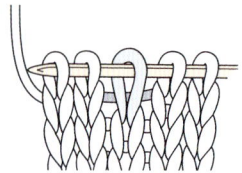

1 V자형 아랫단은 코를 뜬다. 윗단에서 실을 뒤에 놓고 코를 뜨지 않은 채로 오른쪽 대바늘에 옮긴다.
2 걸러뜨기 완성.

∀ [걸쳐뜨기]

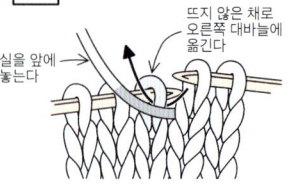 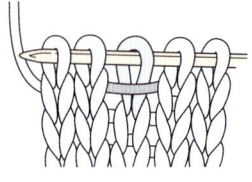

1 V자형 아랫단은 코를 뜬다. 윗단에서 실을 앞(편물 겉면 쪽)에 놓고 코를 뜨지 않은 채로 오른쪽 대바늘에 옮긴다.
2 걸쳐뜨기 완성.

[실을 가로로 걸치는 배색뜨기]

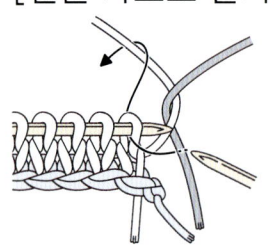 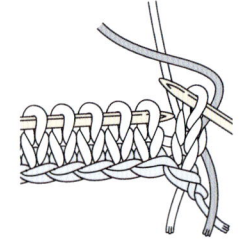 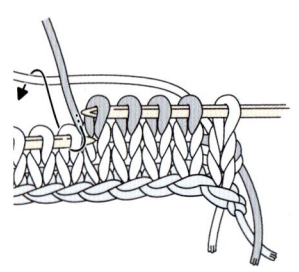 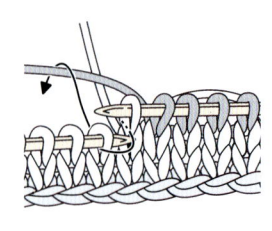

1 배색실을 끼운 뒤 바탕실로 코를 뜬다.
2 배색실로 뜰 때 바탕실 위로 실을 걸친다.
3 다음 바탕실을 뜰 때는 배색실 아래로 걸치고 화살표와 같이 대바늘에 실을 건다.
4 무늬에 맞춰 같은 방법으로 진행.

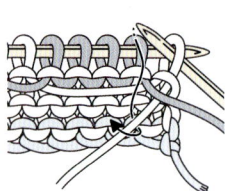 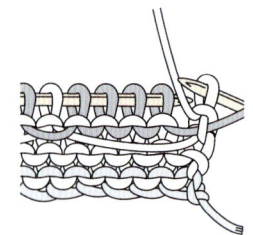 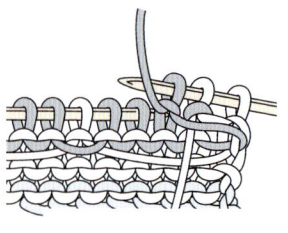 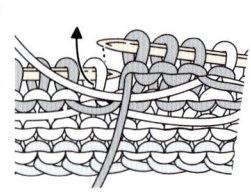

5 배색실을 끼워서 가장자리 1코를 뜬다.
6 첫 코를 뜬 모습.
7 배색실 코를 뜬 모습.
8 안뜨기 쪽을 뜰 때도 배색실은 위, 바탕실은 아래로 걸쳐서 뜬다.

Basic Knitting

[실을 세로로 걸치는 배색뜨기]

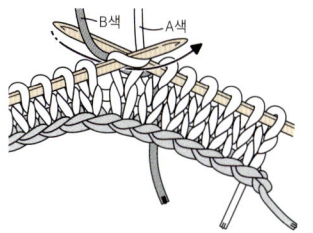

1 무늬의 색이 바뀌는 곳에서 실을 새로 걸어서 뜨기 시작.

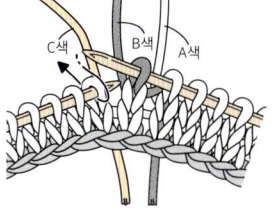

2 다음 배색실을 뜰 때는 다른 색의 새로운 실을 걸어서 뜬다.

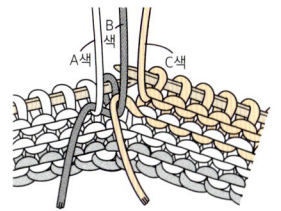

3 안뜨기 쪽도 배색 경계까지 뜬다.

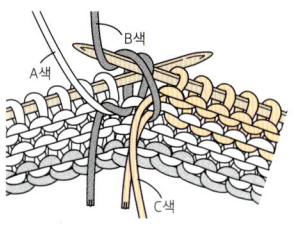

4 배색실로 바꿀 때 C색 아래로 걸쳐서 실을 교차시킨다.

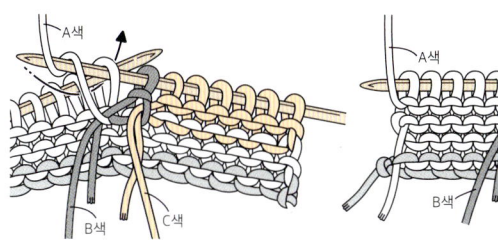

5 A색으로 바꿀 때도 똑같이 실을 교차시킨다.

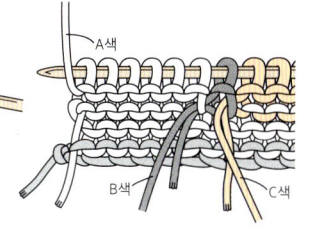

6 교차시키며 실을 바꿔서 안뜨기 쪽을 뜬 모습.

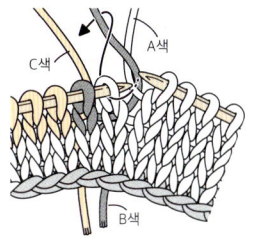

7 겉면을 보고 뜨는 단도 뜨는 실을 아래로 걸쳐서 교차시킨다.

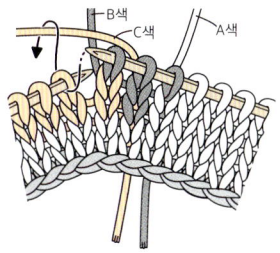

8 기호도에 맞춰 같은 방법으로 진행.

◨ [배색무늬 뜨는 법(겉으로 빼낸 걸친 실이 오른쪽으로 흐른다)]

1 뜨는 실을 앞에 놓는다.

2 배색실을 바탕실 아래에서 가져와 안뜨기를 뜬다.

3 다음 코도 똑같이 바탕실을 배색실 아래에서 가져와 안뜨기를 뜬다.

4 걸친 실이 오른쪽으로 흐르는 배색무늬 완성.

◧ [배색무늬 뜨는 법(겉으로 빼낸 걸친 실이 왼쪽으로 흐른다)]

1 뜨는 실을 앞에 놓는다.

2 바탕실을 배색실 위에서 가져와 안뜨기를 뜬다.

3 다음 코도 똑같이 배색실을 바탕실 위에서 가져와 안뜨기를 뜬다.

4 걸친 실이 왼쪽으로 흐르는 배색무늬 완성.

*no.105, 106(page109)은 겉뜨기를 뜬다.

[체인 스티치]

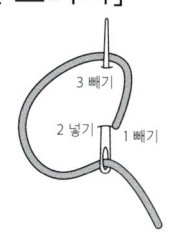

1 숫자 순서대로 바늘을 넣고 빼낸다. 체크는 안뜨기 2단의 실을 뜬다.

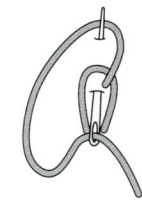

2 바늘을 빼낸 위치에 한 번 더 바늘을 넣고 안뜨기 2단의 실 뜨기를 반복.

[메리야스자수]

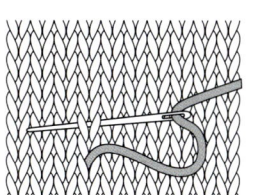

1 안면에서 바늘을 빼내 코 모양처럼 되게끔 V자형 실 2가닥을 뜬다.

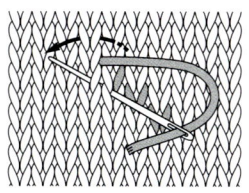

2 바늘을 빼낸 위치에 한 번 더 바늘을 넣고 1단 1코 사선 위쪽 코로 빼낸다. 그다음 1단 위쪽 코의 실 뜨기를 반복.

Instructions

모자
page 5

[재료와 도구]
리치모어 퍼센트 그레이(97) 50g, 빨간색(74) 15g, 대바늘 5호, 코바늘 8/0호
[완성 치수] 머리둘레 48㎝, 깊이 21㎝(귀마개 제외)
[게이지(10×10㎝)] 메리야스뜨기 25코×33.5단, 배색무늬 25코×26.5단
[뜨는 법]
본체는 손가락에 실을 걸어서 기초코를 만들어 뜨기 시작해 기호도처럼 가터뜨기로 원형으로 뜹니다. 이어서 실을 가로로 걸치는 배색무늬를 뜨고 톱은 분산 줄임코를 하면서 메리야스뜨기를 뜹니다. 남은 12코에 실을 끼우고 당겨서 오므립니다. 뜨개 시작의 지정 위치에서 코를 주워 귀마개를 가터뜨기로 뜹니다. 뜨개 끝은 덮어씌워 코막음하고, 코바늘로 사슬뜨기 끈을 꿰매 답니다.

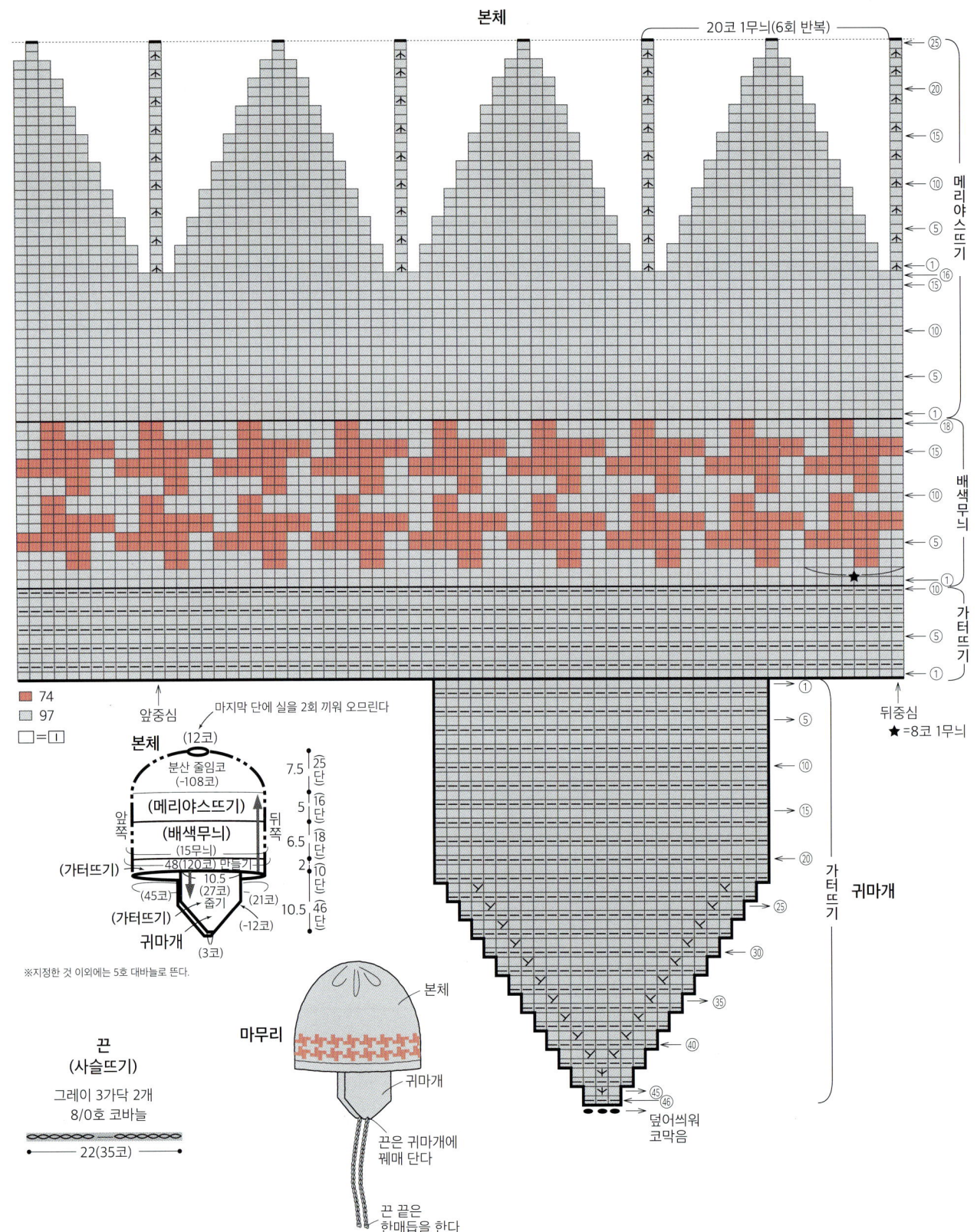

Instructions

손모아장갑
page 79

[재료와 도구]
비셰 라이트그레이(02) 35g, 네이비(16) 25g, 대바늘 3호·1호
[완성 치수] 손바닥 둘레 22㎝, 길이 28㎝
[게이지(10×10㎝)] 배색무늬 25.5코×29단
[뜨는 법]
손가락에 실을 걸어서 기초코를 만들어 뜨기 시작해 줄무늬 2코 고무뜨기로 뜹니다. 이어서 배색무늬로 뜨고 엄지 위치는 별실을 떠 넣어둡니다. 뜨개 끝에 남은 코에 실을 끼우고 당겨서 오므립니다. 엄지는 별실을 풀어 코를 주워 메리야스뜨기로 뜨고, 뜨개 끝에 남은 코에 실을 끼우고 당겨서 오므립니다.

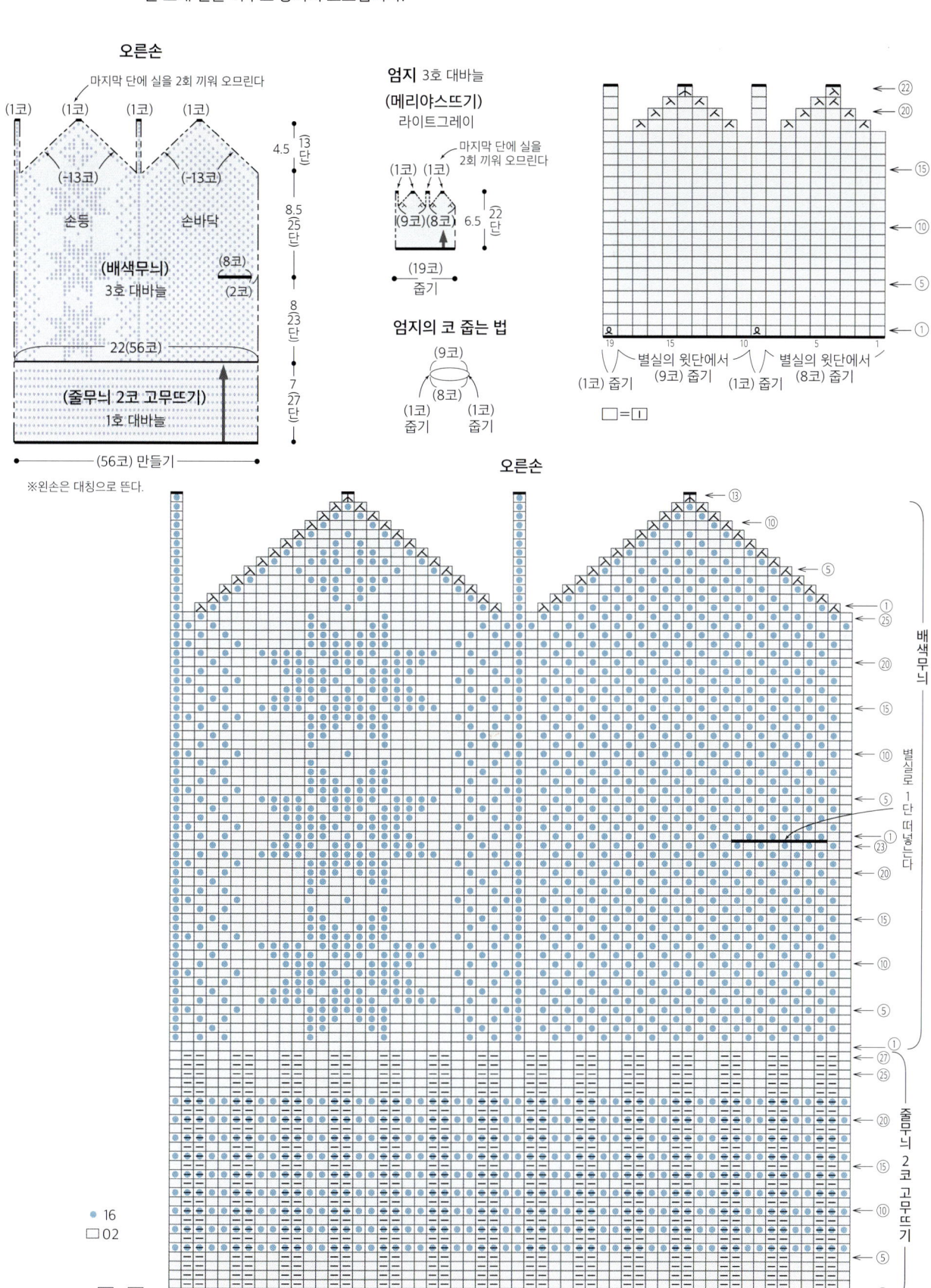

Instructions

양말
page 17

[재료와 도구]
제이미슨스 Petrol(750)·Sorbet(570)·Marjoram(789) 각 5g, Egg shell(768)·Chestnut(577)·Caspian(760)·Leprechaun(259)·Sand(183)·Clyde Blue(168)·Rye(140)·Amber(478)·Celtic(790)·Eesit/White(120)·Lunar(680)·Buttermilk(179)·Scotch Broom(1160)·Cherry(580)·Crimson(525)·Green Mist(274)·Cinnamon(576)·Eesit(105)·Cloud(764)·Loganberry(1290)·Oyster(290)·Spice(526)·Surf(135)·Chartreuse(365)·Raspberry(1260) 각 소량
대바늘 3호·2호
[완성 치수] 바닥 길이 23㎝, 총 길이 31㎝
[뜨는 법]
손가락에 실을 걸어서 기초코를 만들어 뜨기 시작해 줄무늬 2코 고무뜨기, 실을 가로로 걸치는 배색무늬로 원형으로 뜹니다. 발뒤꿈치 위치는 별실을 떠 넣어둡니다. 발끝은 메리야스뜨기로 기호도를 참고해 코를 줄입니다. 발뒤꿈치는 별실을 풀어 코를 주워 메리야스뜨기로 발끝처럼 뜹니다. 발끝, 발뒤꿈치 모두 뜨개 끝은 메리야스 잇기로 연결합니다.

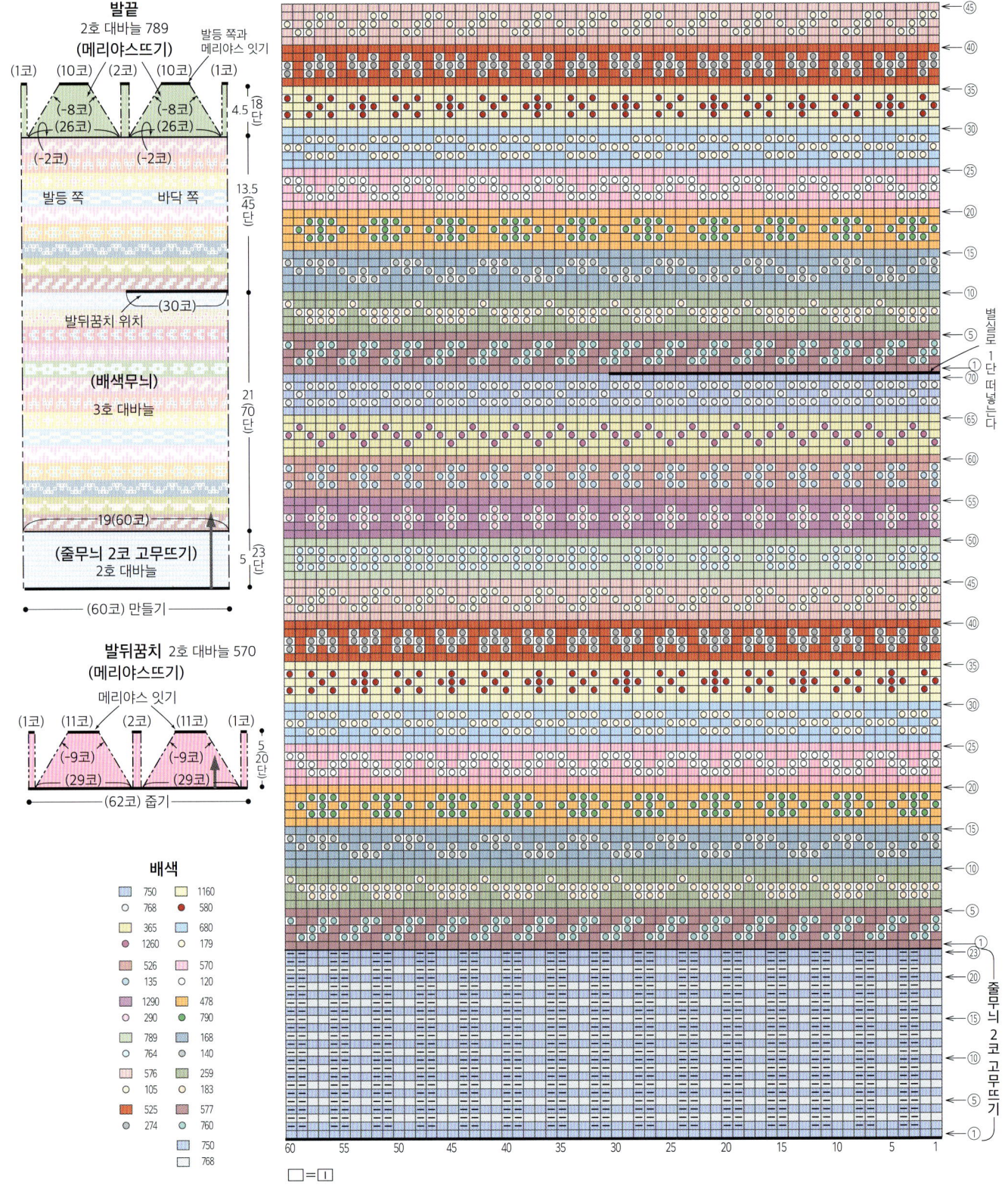

Instructions

가방
page 67

[재료와 도구]
리치모어 퍼센트 블루(42) · 에메랄드그린(108) · 연갈색(84) · 고추냉이색(23) · 겨자색(14) · 인디고(106) · 블루그레이(40) · 진그레이(119) · 신록색(16) · 잿빛 파란색(110) · 암녹색(30) · 청록색(34) · 파란빛 회색(44) · 잿빛 신록색(17) · 초록색(107) · 말차색(13) · 남색(28) · 잿빛 녹청색(25) · 연녹청색(35) · 황록색(33) · 베이지(98) · 에크뤼(2) · 연회녹색(12) · 잿빛 초록색(24) · 청자색(22) · 연먹색(54) 각 소량
대바늘 5호, 코바늘 7/0호
[완성 치수] 너비 19㎝, 깊이 20㎝(끈 제외)
[뜨는 법]
손가락에 실을 걸어서 기초코를 만들어 뜨기 시작해 줄무늬 메리야스뜨기로 원형으로 뜹니다. 기호도처럼 분산 줄임코를 한 뒤, 남은 코에 실을 끼우고 당겨서 오므립니다. 끈은 사슬뜨기를 2가닥으로 뜬 뒤 본체에 꿰매 답니다.

끈 (사슬뜨기)
인디고 2가닥 7/0호 코바늘

마무리

배색
- =블루
- =에메랄드그린
- =연갈색
- =고추냉이색
- =겨자색
- =인디고
- =블루그레이
- =진그레이
- =신록색
- =잿빛 파란색
- =암녹색
- =청록색
- =파란빛 회색
- =잿빛 신록색
- =초록색
- =말차색
- =남색
- =잿빛 녹청색
- =연녹청색
- =황록색
- =베이지
- =에크뤼
- =연회녹색
- =잿빛 초록색
- =청자색
- =연먹색

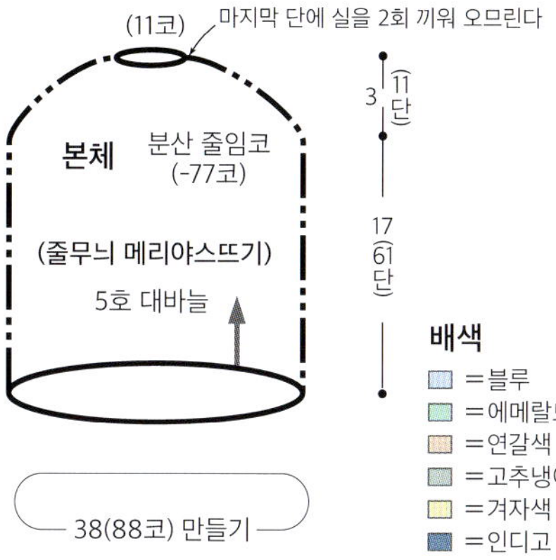

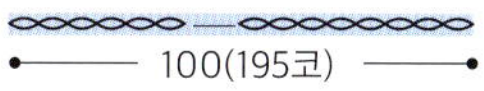

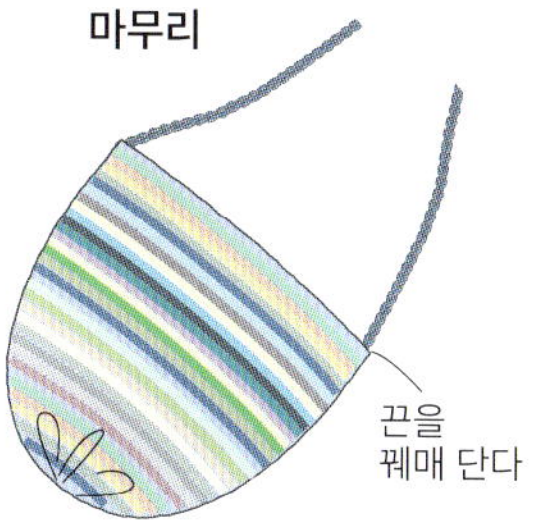

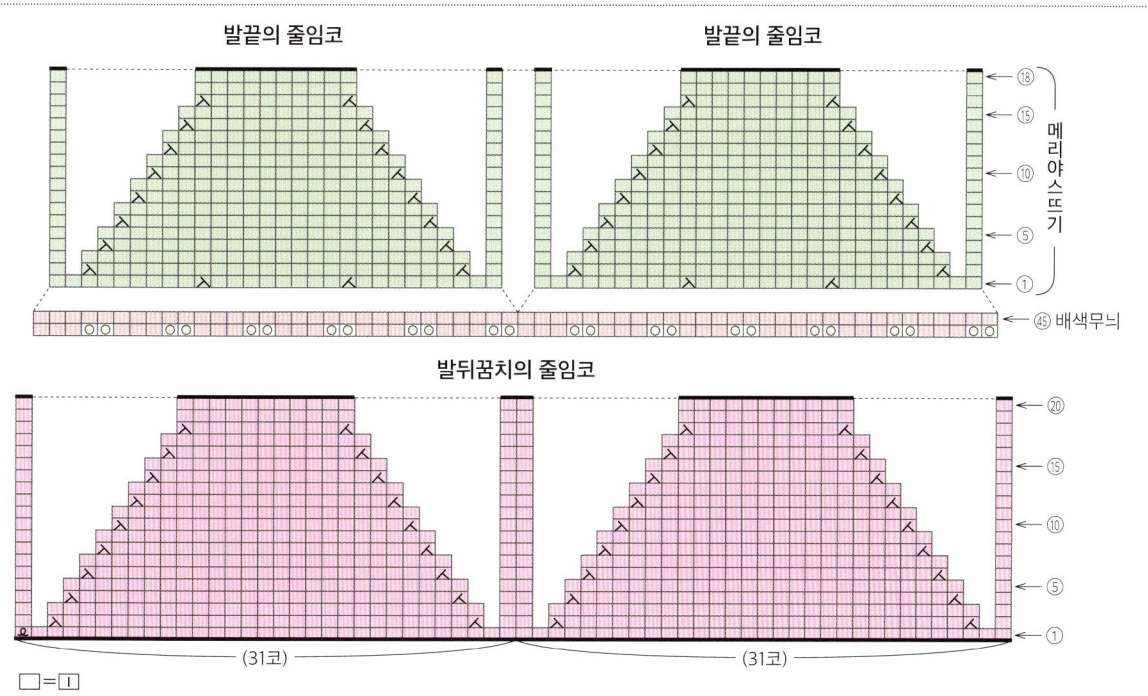

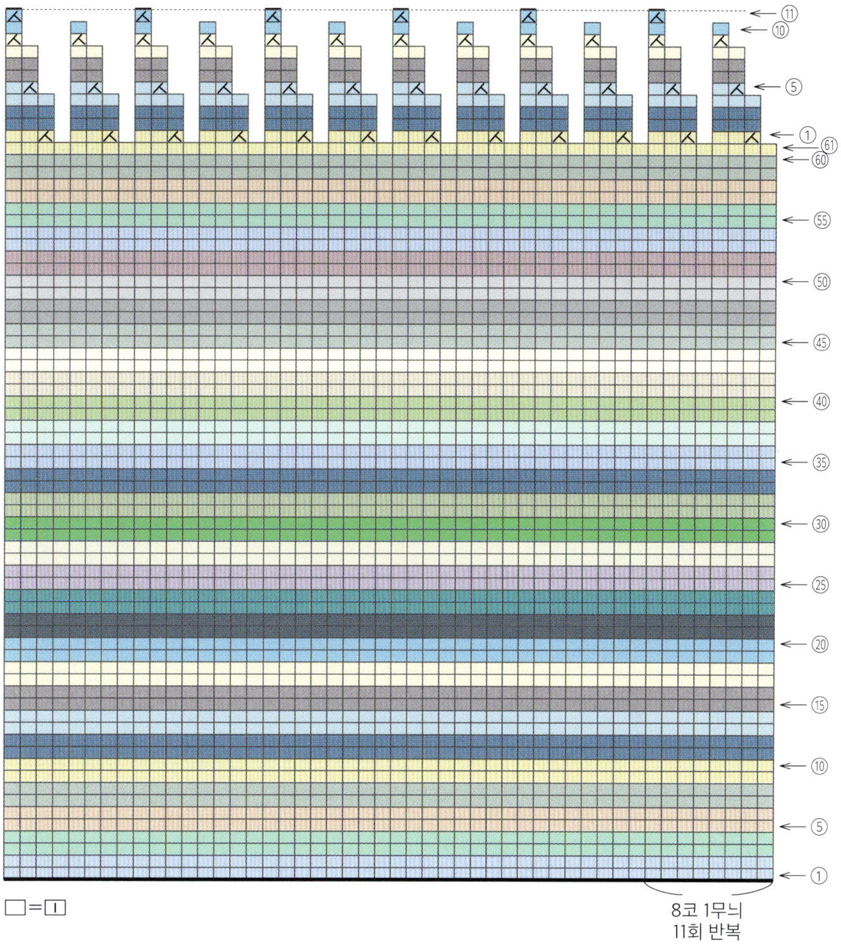

Instructions

머플러
page 117

[재료와 도구]
리치모어 퍼센트 블루그레이(40) 150g, 황록색(33)·주황색(86)·겨자색(14)·인디고(106) 각 소량
대바늘 5호
[완성 치수] 너비 15㎝, 길이 120㎝
[게이지(10×10㎝)] 메리야스뜨기 23코×31단
[뜨는 법]
별도 사슬로 기초코를 만들어 뜨기 시작해 실을 세로로 걸치는 배색무늬를 뜹니다. 배색무늬는 실을 세로로 걸치는 방법으로 뜹니다. 이어서 메리야스뜨기를 뜬 뒤 뜨개 끝과 시작을 메리야스 잇기를 합니다. 옆선은 떠서 꿰매기를 합니다.

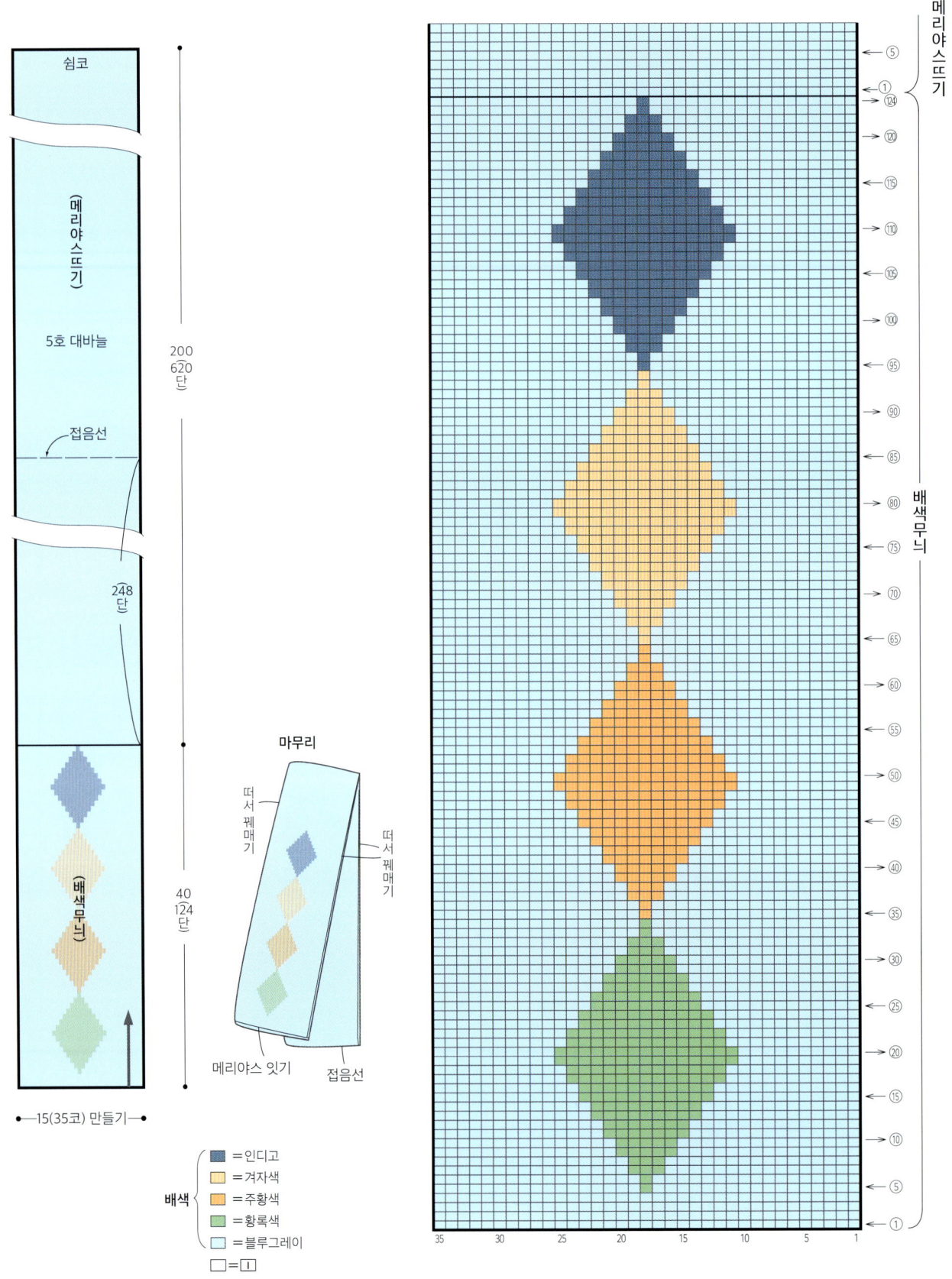

Chart

no.1
page 6

no.2
page 6

no.3
page 6

no.4
page 6

no.5
page 6

no.6
page 6

no.85 · 86
page 102

no.87 · 88
page 102

Chart

Chart

no.10
page 123

135

"FUKKOKUBAN KAZEKOBO NO OKINIIRI IROASOBI277 COLORS" (NV 70766)
by Kazekobo
Copyright © Kazekobo / NIHON VOGUE-SHA 2024
All rights reserved.
First published in Japan in 2024 by NIHON VOGUE Corp.
Photographer : Noriaki Moriya
This Korean edition is published by arrangement with NIHON VOGUE Corp., Tokyo
in care of Tuttle-Mori Agency, Inc., Tokyo, through Botong Agency, Seoul.

이 책의 한국어판 저작권은 Botong Agency를 통한 저작권자와의 독점 계약으로 한스미디어가 소유합니다.
신 저작권법에 의하여 한국 내에서 보호를 받는 저작물이므로 무단전재와 무단복제를 금합니다.

바람공방의 배색 패턴집 277

1판 1쇄 인쇄 | 2025년 11월 14일
1판 1쇄 발행 | 2025년 11월 21일

지은이 바람공방(핫타 요코)
옮긴이 배혜영
펴낸이 김기옥

라이프스타일팀장 이나리
편집 장윤선, 김민주
마케터 이지수
지원 고광현, 김형식

디자인 부가트디자인
인쇄·제본 민언프린텍

펴낸곳 한스미디어(한즈미디어(주))
주소 04037 서울시 마포구 양화로 11길 13(서교동, 강원빌딩 5층)
전화 02-707-0337 | **팩스** 02-707-0198 | **홈페이지** www.hansmedia.com
출판신고번호 제 313-2003-227호 | **신고일자** 2003년 6월 25일

ISBN 979-11-94777-69-4 (13590)

· 책값은 뒤표지에 있습니다.
· 잘못 만들어진 책은 구입하신 서점에서 교환해 드립니다.
· 이 책에 게재되어 있는 작품을 복제하여 판매하는 것은 금지되어 있습니다.